falter 13

URSULA GRAHL

Hören auf den Grund des Lebens

Begegnungen
mit dem Schicksal

VERLAG FREIES GEISTESLEBEN

Die Deutsche Bibliothek – CIP Einheitsaufnahme

Grahl, Ursula:
Hören auf den Grund des Lebens: Begegnungen
mit dem Schicksal / Ursula Grahl. –
1. Auflage dieser Ausgabe. – Stuttgart:
Verlag Freies Geistesleben, 1992
(Falter; 13)
Frühere Ausgabe unter dem Titel:
Grahl, Ursula: Die Seerose

ISBN 3-7725-1063-9

NE: GT

Eine erste Auflage erschien 1974 in der
Edition Bingenheim im Verlag
Das Seelenpflege-bedürftige Kind unter dem Titel:
«Die Seerose. Peter mit dem großen Kopf»

3. Auflage 1992

1. Auflage dieser Ausgabe

Schutzumschlag: Doris Hecht / Walter Schneider
Druck: Offizin Chr. Scheufele, Stuttgart

Inhalt

Die Seerose

Das Klappern der Teetabletts, die draußen im Gange des Zuges vorbeigetragen wurden, weckte mich auf. Schwach schimmerte das Tageslicht durch die geschlossenen Vorhänge. Schon wurde an die Tür geklopft, und mit dem hereingereichten Tablett kam der Bescheid: «Stopp in A … in einer halben Stunde!»

Schnell war ich fertig und schaute zum Fenster hinaus. Schottland! Mein Herz schlug höher beim Anblick der wunderbaren Landschaft, die sich draußen breitete. Berge und Täler, Flüsse und Seen, wogende Nebel im weichen Lichte des frühen Morgens, hier und dort eine einsam liegende Wohnstätte. Bald würde Rauch aus den Schornsteinen aufsteigen und das Tagewerk beginnen.

Für mich war es der Anfang der Ferien, und frohe Erwartung erfüllte mich. Der Zug fuhr langsamer, und hinter einer Biegung tauchte der Bahnhof des kleinen Ortes auf. In freudiger Spannung überflog mein Blick den Bahnsteig. Dort war Paul! Er hatte mich auch schon entdeckt und folgte meinem Wagen. Im nächsten Augenblick begrüßten wir uns. Acht Jahre lang hatten wir uns nicht gesehen, Jahre, in denen der zweite Weltkrieg über uns dahingegangen war, Jahre zudem, in denen wir uns vollkommen aus den Augen verloren hatten. Keiner wußte, was diese Zeitspanne dem andern gebracht hatte. Viel würden wir erzählen müssen, um uns wieder kennenzulernen, und doch war es in diesem Augenblick, als hätten wir uns gestern erst getrennt.

Ja, und wo war denn Christina? Ich schaute mich um. «Und eure Kinder?» sprudelte ich heraus. «Wieviel Kinder habt ihr denn überhaupt inzwischen?»

Aber kaum hatte ich mich Paul wieder zugewandt, als ich merkte, daß mein Mund in meiner frohen Erregung mit mir davongelaufen war.

Christina, sagte er, bitte um Verzeihung, nicht mitgekommen zu sein, mich abzuholen. Sie habe sich nicht wohl gefühlt und in letzter Minute beschlossen, lieber zu Hause zu bleiben und mich dort zu erwarten. Der Entfernung wegen sei er schon gestern Abend gekommen und habe in dem kleinen Gasthaus am Bahnhof übernachtet.

Erschrocken fragte ich, ob Christina krank sei?

Nein, sie sei nicht krank, antwortete er, aber sie habe schwere Jahre hinter sich und habe sich immer noch nicht wieder ganz erholt.

«Komm», sagte Paul, meinem besorgt fragenden

Blicke ausweichend, «laß uns nach Hause fahren. Es ist von hier noch ein langer Weg dahin, und Christina wartet auf uns. Wir haben ja», meinte er lächelnd, «mehrere Wochen vor uns, in denen wir uns allmählich alles erzählen können.»

Ich war bestürzt. Was lag hier vor? Über den strahlenden Morgen war ein Schatten gefallen. Langsam stiegen wir die Bahnsteigtreppen hinab. Ich schaute zu, wie Paul mein Gepäck im Kofferraum verstaute. Was war nur so anders an ihm geworden? Als wir im Wagen Platz nahmen, bemerkte ich, wie auch Pauls Augen mich mit einem fragenden, prüfenden Blick streiften.

Die Landschaft, durch die wir nun fuhren, war überwältigend schön. Immer neue und immer prächtigere Aussichten eröffneten sich, bis wir von der Höhe einer scharfen Straßenbiegung zum ersten Male in der Ferne das Meer schimmern sahen, und über dem Glanz erschienen die westlichen Inseln wie Märchenschlösser in einem Wolkenreich.

Langsam senkte sich die Straße zwischen den Bergen der Küste zu, bis sie schließlich – noch immer in ziemlicher Höhe – in weitem Bogen zum Meere hinausschwang. Paul hielt den Wagen an, und wir stiegen aus. Über die steinerne Brüstung schauten wir hinab auf steil abfallende Felsen und tosende Wasser in der Tiefe. Dann deutete Paul auf ein weißes Haus, das jenseits der weiten Bucht am Bergabhang gelegen war.

«Dort drüben haben wir all diese Jahre gelebt», sagte er. «Und sieh – da unten bei dem Gartenhäuschen ist Christina. Sie hat Ausschau gehalten und hat uns entdeckt.»

In der Ferne sahen wir eine winzige Gestalt in hellem Sommerkleid über den Rasen gehen. Sie hatte uns bemerkt und winkte zu uns herüber.

Es dauerte lange, bis wir die Bucht umfahren hatten, und wurde Mittag, ehe wir ankamen.

Stunden waren vergangen, bevor ich wieder allein war und für wenige ruhige Augenblicke die vielen neuen Eindrücke überdenken konnte, die dieser Tag mir gebracht hatte.

Waren es wirklich nur Stunden? Jener Augenblick ganz früh am Morgen, als ich die Vorhänge meines Abteils zurückgezogen hatte, erschien mir nun endlos weit zurückliegend. Es kam mir vor, als sei ich schon wochenlang hier, und doch war es immer noch der erste Tag.

Bei dem herrlichen Sommerwetter hatten wir die Mahlzeiten im Garten eingenommen und einen längeren Spaziergang auf dem Klippenweg gemacht. Nun saß ich auf der Rasenterrasse und schaute über die weiten Wasserflächen hinaus. Paul war ans Telephon gerufen worden, und Christina besorgte irgend etwas im Hause. Die Sonne hatte sich inzwischen in einen großen, glutroten Ball verwandelt, der schnell in die purpurne Weite des Meeres hinabglitt. Kaum konnte ich es fassen, daß das prachtvolle Schauspiel vor meinen Augen nicht nur ein Traum war, sondern großartige Wirklichkeit, und daß ich mehrere Wochen an diesem zauberhaft schönen Orte würde verbringen dürfen.

Als Christina zurückkam, schlüpfte sie leise in den Stuhl neben mir, und eine Weile saßen wir schweigend beieinander. Dann lehnte sie sich plötzlich herüber zu mir und ergriff meine Hand.

«Es ist so gut, wieder mit dir zusammenzusein», sagte sie. «Deine Anwesenheit baut eine Brücke zu dem Leben hinüber, das wir früher miteinander gelebt haben. So lange liegt es zurück, daß es schon fast unwirklich geworden ist. Ich habe mich weit davon entfernt im Laufe all dieser Jahre, und doch muß ich irgendwie versuchen, den Weg dahin zurückzufinden. Ich weiß, du wirst mir helfen.»

Seit Pauls Andeutungen auf dem Bahnhof hatte ich mir im stillen vorgenommen, keine Fragen zu stellen und nichts zu überstürzen, sondern ruhig abzuwarten, bis diese beiden Menschen von selbst ihr Herz ausschütten würden. Doch in diesem Augenblick hörte ich mich plötzlich eine Frage aussprechen, fast gegen meinen Willen:

«Christina, als wir das letzte Mal zusammen waren, trugst du ein Kind. Sage mir, was geschah.»

«Ja, ich will es dir sagen», antwortete sie schnell. Dann zögerte sie, und nach einer Weile wiederholte sie noch einmal langsam: «Ja, ich will es dir sagen.»

Und sie fuhr fort: «Du wirst eine sehr traurige Geschichte anhören müssen, aber ich möchte nicht, daß wir dir leid tun. Wir sind beide heil durch die schwere Zeit hindurchgekommen und sind nun aus tiefster Seele dankbar für alles, was geschah, denn unerwartet haben wir dadurch die größte Kostbarkeit gefunden, die das Leben uns je beschert hat. Doch dir wird vielleicht manches sehr seltsam vorkommen, und es wird mir auch nicht leicht fallen, dir alles klar zu machen. Außer Paul habe ich lange Zeit kaum einen Menschen zu Gesicht bekommen, und ich habe all diese Jahre in einer so sonderbaren Situation und Abgeschlossenheit gelebt, daß ich manchmal fürchte, ich bin selbst etwas sonderbar geworden. Aber ich weiß, daß ich wieder lernen muß, mit Menschen zu verkehren. Du bist die erste aus unserem alten Freundeskreise, die uns wieder besucht. Bitte, hab Geduld mit mir.»

Ich war erschüttert von dem Klang ihrer Stimme und beeilte mich zu versichern, daß ich so froh sei, endlich einmal wieder mit ihr zusammenzusein, und daß sie mir in gar keiner Weise sonderbar vorgekommen sei.

«Vielleicht wird es dir helfen», fügte ich hinzu, «wenn ich dir sage, daß auch ich während des Krieges viele seltsame Dinge erlebt habe. Manches war so merkwürdig, daß ich es nicht für möglich gehalten hätte, wenn ich nicht selbst Zeuge davon gewesen wäre. Ich will mir große Mühe geben, Verständnis aufzubringen für das, was du mir erzählen willst, so seltsam es auch sein mag.»

Der Garten rings umher lag übergossen vom friedlichen Glanz des Abends. Bei Sonnenuntergang hatte sich eine wundersame Stille auf die Welt gesenkt, und der Wind in den Wipfeln hatte leise von tausend Geheimnissen geflüstert. Die westlichen Inseln lagen nun schwarz und scharf umrissen gegen den Hintergrund der weiten Himmelsfläche, die immer noch in mattem Rot erglänzte in der Erinnerung an das glühende Farbenspiel, das beim Abschied des herrlichen Tages das Firmament in Flammen gesetzt hatte.

Langsam begann Christina zu sprechen. Auch ihre Stimme klang gedämpft und schien wie der flüsternde Wind aus fernen Weiten zu kommen, während sie die Geschichte ihres Kindes erzählte. Es war die Geschichte eines kleinen Jungen, der schon vor fast einem Jahr gestorben war und dessen Leben Leiden, Schmerzen und Verzweiflung gebracht hatte.

Aus dem Strom der rastlos fließenden Zeit, der mit seinen sanften Wellen des Vergessens die scharfen Klippen schmerzlicher Ereignisse gütig überspült, hob Christina noch einmal die Erinnerungen der dunkelsten Jahre ihres Lebens ans Licht empor, bis sie alle mitleidlos dastanden in ihren harten Umrissen, schwarz wie die ferne Kette der einsamen Inseln gegen den Abendhimmel.

Es war ein Wunder, daß das Kind überhaupt am Leben geblieben war und daß Christina selbst sich je von der schweren Geburt erholt hatte. Dann folgten Jahre des Elends, denn dieses Kind war nicht nur körperlich krank und mißgestaltet; es war auch seelisch krank und geistig unterentwickelt.

Ihres kranken Kindes wegen waren Paul und Christina in diese einsame Gegend gezogen, weit weg von allen Menschen, mit denen sie verkehrt hatten. Die Kriegsumstände hatten es ihnen verhältnismäßig leicht gemacht, all ihren früheren Beziehungen zu entschlüpfen; und hier, umgeben von der ernsten Schönheit dieser Felsküste mit dem weiten Blick auf ferne Horizonte, hatten sie sich ganz der schwierigen Aufgabe gewidmet, für ihr Kind zu sorgen.

Über die Ankunft dieses Kindes waren beide zutiefst erschüttert gewesen. Mit großer Freude hatten sie der Geburt ihres ersten Kindes entgegengesehen, sorgfältig und liebevoll hatten sie dieses Ereignis vorbereitet, und dann – plötzlich hatte sie dieser so ganz unerwartete Schlag getroffen. Von dem Augenblick an war alles anders geworden. Es war, als ob ein dunkler Vorhang sich vor dem vertrauten, schönen Bilde ihres bisherigen Lebens geschlossen hatte.

Als im Laufe der Jahre dieses Kind größer wurde, wurden zugleich auch die Probleme immer größer, und die Last des täglichen Lebens wurde immer schwerer zu tragen. Es wurde auch immer schwieriger, geeignete Hilfe zu finden. Zu Anfang hatte Christina das Kind während des Tages betreut, und während der immer gestörten Nächte hatte Paul mit ihr abgewechselt. Aber es kam die Zeit, da das bloße Heben und Tragen des Kindes anfing, Christinas Kräfte zu übersteigen. Sie wurde langsam zermürbt durch die andauernde körperliche wie auch seelische Anspannung und Überbelastung. Wenn Paul zu Hause war, tat er, was er nur konnte, um Christina zu helfen, aber er war doch fast jeden Tag viele Stunden lang beruflich in Anspruch genommen, und dann war Christina allein mit dem Kind.

Sie gaben sich große Mühe, Kinderschwestern zu bekommen, aber von den wenigen, die überhaupt kamen, konnte es keine lange aushalten. Da war die Einsamkeit und Abgelegenheit des Ortes, die Hoffnungslosigkeit des täglichen Kampfes, die bedrükkenden und beängstigenden Szenen, die sich immer wieder abspielten – niemand konnte all dies auf die Dauer verkraften, und früher oder später gaben sie alle ihren Posten wieder auf.

Christina erzählte von einer besonders lieben jungen Schwester, die eine Zeitlang bei ihr gewesen war. Sie hatten sich beide sehr gern gehabt, und für eine Weile ging alles gut. Aber allmählich wurde es auch für diese Schwester zuviel. Christina beobachtete mit Sorgen, wie ihre Stimmung immer gedrückter wurde, und eines Tages hatte sie sie in Tränen aufgelöst gefunden.

«Ich kann es nicht mehr aushalten», gestand sie unter Schluchzen. «Ich kann ihn kaum noch ansehen und sein Geschrei anhören. Es verfolgt mich bis in den Schlaf, und ich bekomme beängstigende Träume, die ich nie vorher gehabt habe. Ich habe Angst, daß ich verrückt werde, wenn ich noch länger hier bleibe. Aber was soll ich nur tun? Was wird aus Ihnen, wenn ich fortgehe? Sie haben niemand, Ihnen zu helfen, wenn Ihr Mann den ganzen Tag fort sein muß. Sie werden mit allem allein fertig werden müssen. Für Sie ist es auch zuviel. Sie werden auch noch zusammenbrechen. Was soll ich nur tun?»

Solche und ähnliche Vorfälle legten sich mit Zentnerschwere auf Christinas Seele, denn sie selbst kam auch langsam der Erschöpfung näher und wurde immer bedrückter. Sie konnte einfach nicht länger allein fertig werden, und doch wurde es ihr immer schwerer, die Last dieser vielbenötigten Hilfe auf andere zu übertragen. Sie kannte keine schlimmere, erniedrigendere Aufgabe, als eine neue Schwester einzuführen, zuerst ganz offen über alle Schwierigkeiten zu sprechen, um dann die Besucher in das Kinderzimmer hinaufzuführen und ihre Reaktion beim Anblick des Kindes beobachten zu müssen.

Christina schwieg einen Augenblick. Ich schob meinen Stuhl ganz nah an den ihrigen heran, legte meinen Arm um ihre Schultern und sagte erschüttert:

«Oh, Christina, ich hatte ja gar keine Ahnung,

daß ihr so etwas durchzumachen hattet. Warum habe ich nichts davon gewußt? Ich hätte alle Hebel in Bewegung gesetzt, um zurückzukommen und euch zu helfen.»

«Ich wollte, du wärest hier gewesen», sagte Christina. «Es wäre alles so anders gewesen. Aber du warst so weit fort, und ebenso alle anderen. Oft wollte ich schreiben, um zu sehen, ob du oder jemand anders aus unserem früheren Freundeskreise vielleicht hätte zu uns kommen können. Und wenn ihr auch nicht hättet hier bleiben können, es wäre doch so eine Erleichterung gewesen, einmal mit guten alten Freunden über alles sprechen zu können. Aber jedesmal, wenn ich zum Briefschreiben ansetzte, brachte ich es einfach nicht fertig, all das Fürchterliche zu Papier zu bringen, und ich gab es immer wieder auf. Wir hatten wirklich niemanden, dem wir uns hätten anvertrauen können. Es schien, als sollten wir es ganz allein tragen, nur Paul und ich.»

«War das so, weil ihr hier heraus in dieses einsame Dorf gezogen waret, wo ihr niemanden kanntet?»

«Nein, es war eher umgekehrt. Es ist einsam hier draußen, das ist wahr, aber nie haben wir uns hier so einsam und verlassen gefühlt, wie wir uns mitten unter Menschen fühlten, als wir noch in unserem ersten Hause wohnten, wo du uns noch einmal besuchtest, ehe du ins Ausland gingst. Hier haben wir alle Schönheit der Natur um uns ausgebreitet, und wenn das auch mit einer menschlichen Freundschaft nicht verglichen werden kann, so schenkt es doch Frieden, Trost und Hoffnung. Aber dort fingen wir an, uns als Ausgestoßene zu empfinden. Du weißt ja, daß wir beide keine nahen Verwandten mehr hatten, und du nebst allen anderen engeren Freunden – ihr waret nach allen Himmelsrichtungen weit fortgegangen. In unserem ersten Heim hatten wir kaum ein Jahr gelebt, und das war nicht lange genug, um wirkliche, dauernde Freundschaften anzuknüpfen. Ich hatte einige von Pauls Kollegen und deren Frauen kennengelernt, und zu mehreren Familien in unserer Nachbarschaft hatten wir gute, freundschaftliche Beziehungen. Aber als das Unglück geschah und als sie von dem Zustand unseres Kindes erfuhren, da zogen sich doch alle unwillkürlich zurück. Nicht etwa, daß jemand unfreundlich zu uns gewesen wäre, im Gegenteil, sie hatten alle großes Mitleid mit uns, aber es war doch wohl die bei allen Menschen tief eingewurzelte Furcht vor dem Unbekannten, die sie vor näherer Berührung mit dem Schrecklichen zurückbeben ließ.»

«Sieh», erklärte Christina, «unser kleiner John war eben nicht wie so viele etwas zurückgebliebene Kinder, die – wie man hört – trotz allem oft reizend sein können, voll entzückender Originalität und mit einem rührenden Charme begabt, der ihnen die Herzen der Menschen öffnet und sie sehr liebenswert macht. Bei unserem Kind war alles so viel schlimmer. Ich denke, daß er manchem wie ein kleines

Ungeheuer erschienen sein mag. Seine Mißgestalt und seine seltsamen Schreie und Bewegungen erschreckten die Menschen. Wenn sie ihn einmal zu Gesicht bekamen, waren sie offensichtlich ganz entsetzt und wußten gar nicht, wie sie sich verhalten sollten. Sie konnten gar keine tröstenden Worte finden, die im Angesichte eines solchen Schicksals nicht banal und unaufrichtig geklungen hätten. Es schien aber auch alles so hoffnungslos zu sein, so ohne jede Aussicht auf Besserung. Im Gegenteil, allem Anschein nach würde der Zustand des Kindes mit zunehmendem Alter sich nur verschlimmern können.

Seit dieses Kind zu uns gekommen war, konnten wir niemanden mehr einladen. Auch wenn unsere Besucher gar nicht in seine Nähe kamen, so konnten sie seine Schreie doch überall hören, denn sie drangen durch das ganze Haus, und wir wußten ja nie, wann er anfangen würde zu schreien. Es konnte jeden Augenblick geschehen, ganz ohne ersichtlichen Grund, und vielleicht stundenlang andauern. Das Dasein dieses Kindes war eine nackte, harte, grausame Tatsache, und Paul und ich waren dafür verantwortlich. Es war ein niederschmetternder Gedanke, sich sagen zu müssen, daß man selbst ein solches Kind in die Welt gesetzt hatte.

Als wir unser gemeinsames Leben begannen, da freuten wir uns beide auf die Ankunft vieler glücklicher, geliebter Kinder. Du wirst dich vielleicht erinnern, wie oft wir scherzend darüber sprachen. Es kam uns überhaupt nicht in den Sinn, daß irgend etwas schiefgehen könnte. An die Möglichkeit der Geburt eines kranken Kindes hatten wir einfach nie gedacht. Es war ein furchtbarer Schreck für uns beide, und für Paul war es zuerst noch viel schwerer zu tragen als für mich. Das Gebäude unseres Lebens, wie er es sich erträumt hatte, lag zertrümmert zu seinen Füßen. Man kam in ernste Versuchung, alles aufzugeben. Es schien oft zwecklos, das Leben noch weiterzuführen, und der Versuch, auf geborstenen Grundmauern wieder aufzubauen und mit zerbrochenen Steinen, aus denen doch nie wieder ein vernünftiger Bau errichtet werden könnte, erschien wie bloße Zeit- und Kraftverschwendung.

Und dann kam noch etwas anderes hinzu. Wir schämten uns beide, daß wir ein solches Kind hatten. Wir kamen uns minderwertig vor, denn andere betrachteten uns mitleidig. Sie drehten sich nach uns um, wenn wir vorübergingen, und steckten ihre Köpfe zusammen, um über uns zu flüstern. Wir fanden uns immer mehr auf uns selbst gestellt, getrennt von den Menschen, anders als sie, isoliert und ausgeschlossen von der Gesellschaft. Immer, wenn wir zum Besuch in irgendeinen Kreis eintraten, hörten unwillkürlich die Gespräche auf, und alle sahen auf uns. Es bedrückte uns, wenn wir merkten, wie sie versuchten, mit uns künstliche Gespräche über harmlose, unverfängliche Themen zu beginnen. Bei einigen Gelegenheiten hätte ich aufschreien können:

Um Himmels willen hört auf, von Dingen zu sprechen, die euch gar nicht interessieren, während alle eure Gedanken doch nur um einen einzigen Gegenstand kreisen: die Tatsache dieses ungeheuerlichen Kindes, das uns geboren ist.

So kam es allmählich, daß wir uns immer mehr durch die Haltung der anderen Menschen uns gegenüber als Ausgestoßene fühlten, und merkwürdigerweise war dieses Gefühl um so stärker, je offensichtlicher sie sich Mühe gaben, uns besonders freundlich und rücksichtsvoll zu begegnen.»

Ich bewunderte Christina. Wie konnte sie nur mit solcher Ruhe und Gelassenheit über diese fürchterlichen Qualen sprechen, die sie hatte durchstehen müssen. In ihrer Stimme war nicht der geringste Anklang von Bitterkeit, Vorwurf oder Anklage. Wo hatte sie nur die Kraft gefunden, so viel zu ertragen und so aufrecht dabei zu bleiben. Und nun versuchte sie den Mut aufzubringen, das Leben noch einmal von vorn anzufangen. Der Kampf mußte ungefähr sieben Jahre gedauert haben. Wie hatte sie es nur aushalten können?

Inzwischen war es fast dunkel um uns geworden, und ich konnte Christinas Gestalt nur schwach erkennen im letzten Schimmer des scheidenden Lichtes. Ich wußte nicht, was ich sagen sollte. So einem Unglücksfall war ich noch nie begegnet. Über solche Probleme hatte ich noch niemals nachgedacht, aus dem einfachen Grunde, weil ich bisher nie damit in

Berührung gekommen war. Wie fürchterlich muß es doch sein, wenn Eltern sich ihres Kindes schämen, und doch kam es mir vor, daß solche Gefühle ganz natürlich und sehr menschlich seien, denn ist es nicht so, daß Eltern auch stolz sind auf besonders intelligente und begabte Kinder?

Während wir noch still beieinander saßen, kam Paul aus dem Hause herüber und setzte sich zu uns. Eine Weile schwiegen wir, dann brachte ich schließlich hervor: «Es ist heroisch, was ihr geleistet habt, und ich bewundere euren Mut und eure Kraft. Ich weiß nicht, wie ihr es habt schaffen können und durchgekommen seid. Aber das Schlimmste an allem scheint mir fast, daß ihr beide diesen Kampf so ganz allein habt durchkämpfen müssen, daß es anscheinend niemanden gegeben hat, der euch mit Rat und Tat zur Seite stehen konnte. Es muß doch irgendwo Menschen geben, die mit solchen Dingen Bescheid wissen. Hattet ihr keinen Arzt? Gab es keinen Spezialisten, der euch hätte helfen können? Aber ich rede wohl lauter Unsinn, denn es ist ja selbstverständlich, daß ihr alles nur Menschenmögliche versucht haben müßt, um eurem Kinde zu helfen.»

Paul nahm die Antwort auf. «Ja», sagte er, «es gab wirklich nichts, was wir nicht versucht hätten. Wir gingen jeder Hoffnung nach und sparten weder Zeit noch Geld auf unserer Suche nach Hilfe. Wir gingen mit John zu verschiedenen bekannten Spezialisten.

Jeder von ihnen schien das Problem in einem anderen Lichte zu sehen. Einige vermieden eine direkte Antwort. Sie meinten, der Zustand des Kindes würde sich vielleicht mit zunehmendem Alter von selbst bessern. Sie schlugen verschiedene Behandlungen vor, die unter Umständen etwas helfen könnten.

Doch alle diese Konsultationen hatten nur den einen Erfolg, daß sie uns immer klarer die ganze Hoffnungslosigkeit unserer Situation zum Bewußtsein brachten, und von jedem solcher Besuche kehrten wir bedrückter heim. Einer dieser Spezialisten brachte mich fast zur Verzweiflung. Er warf einen Blick auf das Kind und war offensichtlich nicht weiter interessiert an dem Fall. Er ließ es uns merken, daß wir nur seine und unsere Zeit verschwendeten, indem wir ihn überhaupt baten, sich mit einem Problem zu befassen, das zweifellos jenseits aller menschlichen Hilfe lag.

Nach diesem Erlebnis dauerte es lange Zeit, ehe wir uns dazu bringen konnten, noch einmal einen Spezialisten aufzusuchen. Doch ihm werden wir ewig dankbar sein. Er hatte den Mut, uns die Wahrheit zu sagen; das heißt, die Wahrheit, wie er sie zu sehen vermochte. Er sagte uns ganz offen, ohne jede Sentimentalität, doch mit großer Wärme und Zuversichtlichkeit: ‹Hier hilft nichts, als den Tatsachen ins Auge zu sehen! Der Zustand Ihres Kindes ist jenseits aller Grenzen dessen, was wir mit unseren Heilverfahren erreichen können. Soviel ich beurteilen kann, gibt es keine Hoffnung auf Besserung. Dies ist einer der schwersten Fälle dieser Art, die mir je vor Augen gekommen sind, und die Bürde der Pflege ist viel zu groß für Sie. Sollte das Kind überhaupt am Leben bleiben und größer und schwerer werden, so werden Sie nach einigen Jahren erleben, daß die Aufgabe, ihn zu versorgen, Ihre Kräfte bei weitem übersteigen wird. Sie werden geschulte Kräfte brauchen, um Ihnen bei der Pflege zu helfen. Doch wenn es Ihnen auch gelingen sollte, sich besonders ausgebildeter Pfleger in Ihrem eigenen Heim zu versichern, so wird doch immer noch neben der schweren körperlichen Pflege die dauernde seelische Belastung zu tragen sein, die Sie allmählich zermürben wird. Für alle Beteiligten würde der Tod des Kindes die glücklichste Lösung bedeuten. Auf jeden Fall würde ich Ihnen raten, das Kind nicht zu Hause zu behalten. Ihnen fehlt die nötige Ausbildung, um einen solchen Fall zu pflegen. Sie würden wahrscheinlich selbst Nervenzusammenbrüche erleiden, und dann hätten wir es statt mit einem mit drei Patienten zu tun. Bringen Sie das Kind in irgendeine Anstalt, regeln Sie die finanzielle Seite der Sache auf Lebenszeit, vergessen Sie dies Kind und entschließen Sie sich, mehr Kinder zu bekommen. Denken Sie nicht, daß Sie nicht fähig sind, gesunde Kinder zu erzeugen, nur weil es einmal schief gegangen ist. Es hat keinen Zweck, daß Sie sich quälen, herauszufinden, wer von Ihnen schuldig ist an dem Zustand dieses Kindes. Viele Theorien über dieses Thema sind aufgestellt worden, aber abgesehen von einigen ganz offensichtlichen Ursachen müssen wir offen bekennen, daß wir die Gründe nicht wissen, die zur Geburt eines anormalen Kindes führen. Es kann jeden Tag vorkommen, sogar in den gesündesten Familien, in *jeder* Familie. Es gibt eben hin und wieder biologische Mißbildungen, und nach meiner Ansicht ist es das Vernünftigste – in jeder Lage und auf jedem Lebensgebiete –, nach einem Fehlschlag den Mut zum Neubeginn aufzubringen.›

Als er merkte, daß wir uns nur schwer von dem Kinde würden trennen können, fügte er hinzu: ‹Offen gestanden, ich weiß selbst nicht, was ich Ihnen raten soll. Wollen wir hoffen, daß ein gütiges Geschick das Kind von seinem Leiden und Sie von Ihrer schweren Schicksalslast erlösen möge.›»

«Dieser Mann», sagte Christina, «hat uns mehr geholfen als irgend ein anderer. Seine Worte waren: ‹Haben wir den Mut, der Situation ins Auge zu schauen!› Und wie recht hat er gehabt!»

«Ja, aber», warf ich zögernd ein, «Ihr habt das Kind doch gar nicht in eine Anstalt gebracht und versucht, es zu vergessen. Es ist mir überhaupt ein fürchterlicher Gedanke, daß man sich von seinem eigenen Sohn trennen und ihn vergessen soll, nur weil er sich in einer solchen Notlage befindet. Und ihr müßt es ebenso empfunden haben, denn ihr habt ihn doch zu Hause behalten und immer weiter betreut, so gut ihr konntet, obwohl ihr selbst unter der Last zusammenzubrechen drohtet. So habt ihr seinen Rat doch eigentlich gar nicht befolgt.»

«Nein, diesen Teil seiner Ratschläge haben wir allerdings nicht befolgt, denn als wir uns die Sache zu Hause überlegten, kamen wir zu der Einsicht, daß eine Trennung von dem Kind damals für uns keine Lösung bedeutet hätte. Sie hätte das Problem nur verschoben. Jemand anders hätte John betreuen müssen, hätten wir uns der weiteren Verantwortung entzogen. Und warum sollte irgendein Fremder unsere Last aufgebürdet bekommen, auch wenn wir ihn dafür gut bezahlten? Auch hätten wir immer noch nicht gewußt, warum uns dieser Schicksalsschlag getroffen hatte. Wir mußten versuchen, der Sache auf den Grund zu gehen und Klarheit zu erlangen. Und außerdem hätten wir John doch gar nicht vergessen können. Wir hätten uns bis an unser Lebensende Vorwürfe gemacht, ohne unser Gewissen je entlasten zu können.

Nein, es war die andere Seite seiner Ratschläge, die wir uns zu Herzen nahmen. Der eine kurze Satz, den er ausgesprochen hatte: ‹Den Tatsachen ins Auge sehen! Haben wir den Mut, den Tatsachen ins Auge zu schauen!› Je länger wir darüber nachdachten, desto klarer wurde es uns, daß dies der einzige Weg zu einer Lösung sein würde. Versuchen, die Situation zu ergründen, versuchen, zu einem Verständnis der Sache zu kommen, ohne jegliches Versteckspiel, offen und ehrlich gegen uns selbst. Das war es, was wir durch seine Hilfe begriffen hatten. Und von jener Zeit an gaben wir uns die größte Mühe, mit unseren eigenen Problemen fertig zu werden.»

«Sieh, es war so», sagte Paul nach einer Weile, «ehe wir den Rat dieses Mannes suchten und gehört hatten, was er uns zu sagen hatte, hatten wir beide eigentlich uns gesträubt gegen das grausame Geschick, das uns überfallen hatte. Wir hatten uns gewehrt und hatten mit der Vorsehung gehadert. Unser Glaube an Gott war niemals zuvor auf eine harte Probe gestellt worden. Nun war dieser Glaube in Gefahr zusammenzubrechen. Hätten wir unvernünftig gelebt und wären deshalb von Krankheit heimgesucht worden, so wäre es uns klar gewesen, daß das eine aus dem anderen folgte. Wir hätten dann gewußt, daß wir unser Unglück selbst verschuldet hatten. Doch als wir plötzlich von diesem ganz unerwarteten Schlag getroffen wurden, der in keiner Weise mit unserem bisherigen Leben zusammenzuhängen schien, als wir gar keinen Grund finden konnten, warum wir dieses Schicksal verdient hatten, da wurde unser Glaube an die Weisheit und Gerechtigkeit Gottes fast zerschmettert – mit dem Ergebnis, daß wir nicht annehmen wollten, was uns zugefallen war. Wir wehrten uns gegen das eigene Schicksal. Dieser Mann nun gab uns die Kraft, unser Schicksal zu bejahen. Durch die Unterredung mit ihm dämmerte das Gefühl in uns herauf, daß dieses Kindes trauriger Zustand doch irgendwie unsere Angelegenheit sei und daß wir letzten Endes die Lösung dieses Problemes bei niemandem als bei uns selbst zu suchen hätten.»

Nach einer kleinen Pause fügte Christina hinzu: «Das war der erste wichtige Meilenstein an unserem Wege: die Einsicht, daß dieses Unglück etwas mit uns zu tun hatte. Irgendwie und irgendwo mußte es mit uns zusammenhängen. Es wäre nicht über uns hereingebrochen, wenn es nicht zu uns gehörte. Und so faßten wir den Entschluß, daß wir der Sache auf den Grund gehen wollten, daß wir uns bemühen wollten, herauszufinden und zu verstehen, warum unser Leben eine solche plötzliche Wendung genommen hatte. Wir wollten nun nicht länger mit unserem Schicksal hadern und das unerwünschte Übel von uns abwenden; wir wollten versuchen, verstehend zu seiner Wurzel durchzudringen, und wenn uns dies nur gelingen könnte, so würde es an sich vielleicht schon die wahre Lösung mit sich bringen. Das ist auch der Grund, warum wir hierher gezogen sind, in dieses einsame Dörfchen, weit weg von allen, die wir kannten. Wenn wir uns dieser Aufgabe ernsthaft widmen wollten, so mußten wir auch den Mut haben, es allein zu tun. Wir hätten es in einer Atmosphäre widerstreitender und störender Gefühle gutmeinender Bekannter rings um uns her nicht schaffen können.

Wir brauchten auch Zeit zu unserer Aufgabe. Es war keine Angelegenheit, die man einfach nur durch Nachdenken hätte klären können. Es war, als müßten wir jeden Zoll unseres eigenen Wesens ändern mit allem, was wir bisher geglaubt hatten. Das Fundament, auf dem das Gebäude unseres Lebens seit vielen Jahren sicher genug gestanden hatte, dessen guten Grund wir nie angezweifelt hatten – dieses Fundament hatte plötzlich unter unseren Füßen nachgegeben, war auseinandergebrochen und ließ uns in einen Abgrund schauen, der uns zu verschlingen drohte, wenn wir nicht rechtzeitig einen Felsen finden würden, an den wir uns klammern konnten.

Wir nahmen uns vor, durch diesen Schicksalsschlag uns nicht auch innerlich zerschmettern zu lassen, wie er äußerlich schon alle unsere Pläne für die nächsten Lebensjahre zerschmettert hatte. So waren die Leben von Millionen Menschen in vielfacher Weise durch die Kriegskatastrophen zertrümmert worden. Dieses nun war unsere ganz private Kriegskatastrophe, und wir wollten uns nicht besiegen lassen, sondern fest zusammenstehen und versuchen, aus dem Nichts neu aufzubauen, unter dem großen Fragezeichen des schmerzvollen Rätsels, das unser Leben überschattete. Aber um das tun zu können, mußten wir uns selbst von Grund auf ändern.»

Lange noch saßen wir schweigend beisammen, lauschten dem Flüstern des Windes und dem fernen Klang der Wellen, die tief unter uns an die Felsen brandeten – lauschten den vielen, vielen anderen Stimmen der Nacht, Stimmen unzähliger Geschöpfe, Rufen der Sehnsucht, die aus dem Dunkel kamen. So riefen auch Menschenseelen aus dem Dunkel ihrer seltsamen Erdengeschicke empor und sehnten sich nach einem gütigen Lichtstrahl liebevollen Verstehens, die Rätsel ihres Daseins zu beleuchten.

Inzwischen war hinter uns der Mond aufgegangen, und die finster gewordene Welt war langsam wieder sichtbar geworden im sanften Glanz des nächtlichen Gestirns. Die westlichen Inseln waren nicht mehr wie zuvor tiefschwarz und scharf gezeichnet gegen einen mattroten Abendhimmel; ein freundliches Licht spielte jetzt hoffnungsvoll über all ihren Unebenheiten. Meer und Inseln und die Wohnstätten der Menschen rings im Lande, alle waren sie schützend eingehüllt in den schimmernd blauen Mantel des Himmels.

Es war spät, als wir endlich aufstanden und ins Haus gingen. Ehe wir uns trennten, sagte Christina noch: «Viel von dem, was wir heute abend erzählt haben, muß dir sehr seltsam vorkommen. Es wäre auch mir vor zehn Jahren seltsam genug erschienen. Aber alles ändert sich nach der Geburt eines solchen Kindes, nachdem man ein solches Problem in die Welt gesetzt hat, ein Problem, das man selbst heraufbeschworen hat und für das man sich verantwortlich fühlt. Es ist wahrhaftig eine fürchterliche Situation, so vor einer selbstgeschaffenen Tragödie zu stehen, deren Ursprung dennoch dunkel bleibt, weil der Verstand trotz größter Anstrengungen nicht zu den Wurzeln durchdringen kann. Es war, als ob die Geburt dieses Kindes unser Leben in zwei Teile geschnitten hätte. Soviel wir auch alle Einzelheiten unserer Vergangenheit überprüften, wir fanden doch nicht den kleinsten Aufschluß oder Hinweis auf eine mögliche Ursache und einen Sinn dieser Leiden, und doch fühlten wir immer bestimmter, daß wir etwas damit zu tun hatten. Es mußte ein tieferer Sinn in allem verborgen sein, und diesen Sinn galt es herauszufinden.

Auch was ich jetzt noch sage, wird dir vielleicht unbegreiflich erscheinen, aber es ist die Wahrheit. Jetzt, nachdem alle Schwierigkeiten hinter uns liegen, wissen wir, daß sie das Wichtigste waren, das wir je erlebt haben, und um keinen Preis möchten wir diese Erfahrungen missen. Diese sieben Jahre waren die härtesten und bittersten unseres Lebens, aber sie waren auch die reichsten und kostbarsten.»

Lange noch saß ich auf dem Balkon meines Schlafzimmers, schaute in die mondverzauberte Nacht hinaus und überdachte alles, was ich gehört hatte. Wie würde diese Geschichte weitergehen? Wie hatte sich dieser Schicksalsknoten endlich gelöst? Was war es wohl für ein Licht, das in die Finsternis jener qualvollen Jahre hereingebrochen war und sie in ein kostbares Gnadengeschenk verwandelt hatte?

Im Laufe der nächsten Tage erfuhr ich allmählich mehr über das Leben des kleinen John. Seine Pflege war immer schwieriger geworden, und seine Eltern hatten schwere Prüfungen zu bestehen. Gelegentlich waren diese Prüfungen so hart, daß sie fast irre wurden an ihrem Entschluß, das Kind zu Hause zu behalten. Doch dann war anscheinend von einem gewissen Zeitpunkt an eine entschiedene Besserung eingetreten. Während der letzten drei Jahre seines kurzen Lebens hatte das Kind sich sehr verändert, und seine Entwicklung zum Guten hatte die bescheidensten Hoffnungen und Erwartungen bei weitem übertroffen. Er schien sich wohler zu fühlen, die Nächte waren weniger oft gestört, seine fürchterlichen Schreikrämpfe hörten schließlich fast ganz auf, das Leben in dem einsamen Hause war ruhiger und friedlicher geworden.

Und dann war das Unglaubliche geschehen, gerade eine Woche vor seinem siebenten Geburtstag: Das Kind hatte versucht, sich hochzuziehen und zu gehen. Christina hatte ihn auf den Teppich des Wohnzimmers gelegt, und er war herumgerollt, bis er sich am Sofa stieß. Ohne wegen des Stoßes zu schreien, war er auf das Sofa aufmerksam geworden und hatte versucht, sich daran hochzuziehen. Atemlos hatte Christina dem Vorgang zugesehen. Von dem Augenblick an war John wie besessen von nur einer einzigen Leidenschaft: von dem Willen, aufrecht zu sein, auf seinen Füßen zu stehen, laufen zu lernen. Immer wieder hatte er sich hochgezogen; immer wieder war er gefallen und hatte sich weh getan. Aber er hatte keine Zeit damit verloren, sich über das Fallen zu beklagen, sondern unermüdlich hatte er immer gleich aufs neue versucht, wieder hochzukommen. Es wurde ein richtiger Kampf. Mit grimmiger Entschlossenheit bemühte er sich, seine ungeschickten Glieder zu meistern, seinen verkrüppelten Körper unter seinen Willen zu zwingen, sein Gleichgewicht zu finden. Seine Eltern hatten staunend zugeschaut und hatten ihm dabei geholfen, soviel sie nur konnten. Eine ganze Woche lang hatte er nichts anderes getan von früh bis spät als: Gehen geübt – Gehen geübt – und noch einmal Gehen geübt. Und während er so schwer daran arbeitete, auf seine Füße zu kommen, wurden seine Schreie weniger unartikuliert, seine Gesichtszüge wurden immer menschlicher, seine Augen immer klarer. Diese leeren, starren Augen erfüllten sich immer mehr mit einem inneren Leuchten des Verständnisses. Seinen Eltern war es nie vorher so klar zum Bewußtsein gekommen, daß hier eine Seele in einem Gefängnis saß, eine Seele, die ihnen ebenbürtig war, aber gefesselt an die Last eines grausam verwachsenen Leibes, der sich weigerte, dem Gehalt und der Würde eines intelligenten Geistes zu entsprechen.

Des Kindes siebenter Geburtstag war der glücklichste, den Paul und Christina je mit ihm gefeiert hatten. Sie waren ganz erfüllt von Dankbarkeit und

Hoffnung, doch drei Tage später hatte John sie auf immer verlassen.

Es war ganz plötzlich und unerwartet geschehen. John hatte wieder den ganzen Tag das Laufen geübt. Christina hatte ihm viel Zeit gewidmet, hatte ihm geholfen und ihn gestützt. Am Abend hatte er – sich an einem Stuhle festhaltend – einen Augenblick gestanden und mit hellen, leuchtenden Augen über das Meer nach der sinkenden Sonne hinausgeschaut. Er hatte seine Hand nach dem Licht ausgestreckt, und ein glückliches Lächeln hatte seine Züge verklärt. Noch nie war er Christina so schön erschienen. Er wandte seinen Kopf und schaute klar und offen in die Augen seiner Mutter, und in diesem Augenblick sah und erkannte sie Seele und Geist ihres Kindes.

Dann fiel er plötzlich in sich zusammen! Ehe Christina noch recht begriff, was geschehen war, war er schon dem finsteren Kerker entflohen, der ihn sieben Jahre lang gefangen gehalten hatte.

Am Morgen des Tages, der Johns achter Geburtstag gewesen wäre, wachte ich sehr früh auf. Der erste schwache, zartgraue Schimmer des kommenden Tages erhellte schon den Raum zwischen Wasser und Himmel. Es sah aus, als sei die Welt das ganz mit Perlmutter ausgekleidete Innere einer riesigen Meermuschel.

Ich konnte nicht wieder einschlafen und entschloß

mich daher zu einem Spaziergang. Leise schlüpfte ich aus dem Hause und folgte einem Pfade, der hinter dem Garten den Berg hinaufführte. Als ich nach ungefähr einer halben Stunde den Gipfel erreicht hatte, setzte ich mich auf einen Felsblock und schaute auf das Meer hinaus.

Tief unter mir, von Baumwipfeln ganz verdeckt, lag das Haus, in dem sich so viele verzweifelte Szenen abgespielt hatten, wo unglückliche Menschen mit einem grausamen Schicksal gerungen hatten, das sie nicht verstehen konnten. Und doch hatten sie den Kampf nicht aufgeben wollen, sondern waren fortgefahren in ihren Bemühungen, dem ganzen rätselhaften Geschehen auf die Spur zu kommen, weil sie – nach ihren eigenen Worten – dunkel ahnten, daß ein Sinn darin verborgen sein müsse.

Der Kampf, der in diesem Hause stattgefunden hatte, war einsam gewesen. Paul und Christina waren nicht nur äußerlich einsam, sie waren es auch innerlich. Während all dieser Jahre hatten sie allein gestanden mit ihrer Überzeugung, daß es recht war, all ihre Kraft der Sorge für dieses Kind zu opfern und vor allen Dingen alles zu versuchen, um herauszufinden, warum sie überhaupt ein solches Kind bekommen hatten.

Um dieses tun zu können, waren sie – wie Christina es ausgedrückt hatte – «aus einer Atmosphäre widerstreitender und störender Meinungen geflohen». Dies an sich war schon Beweis genug, wie allein sie gestanden hatten mit ihrem Entschluß. In der Tat waren Paul und Christina auf so wenig Verständnis gestoßen, daß sie sich zurückgezogen und den Versuch aufgegeben hatten, den Leuten klar zu machen, was sie überhaupt suchten und zu finden hofften.

Sogar bei mir hatten sie sich zuerst unsicher gefühlt, trotz unserer langjährigen Freundschaft, und sie hatten befürchtet, daß auch ich sie mißverstehen und ihr Verhalten seltsam finden könnte. Ich war froh zu wissen, daß diese anfängliche Furcht nun geschwunden war und daß es ihnen immer leichter wurde, mit mir zu sprechen und mich in ihr Vertrauen zu ziehen. Erst am vorigen Abend hatte Paul mich beiseite genommen und mir unter vier Augen gestanden:

«Obwohl wir uns sehr auf dein Kommen freuten, hatten wir doch auch unsere Zweifel. Wir wußten nicht, ob wir dir die ganze Wahrheit über unser Kind würden enthüllen können. Immerhin hatten wir dich viele Jahre lang nicht gesehen. Nun sind wir dir unendlich dankbar dafür, daß du es uns so leicht machst, offen über all die Dinge zu sprechen, die wir so lange in uns verschließen mußten. Deine Anwesenheit allein hat Christina schon sehr viel geholfen. Ihre innere Spannung hat nachgelassen durch die Möglichkeit, daß sie einmal ihr Herz ausschütten konnte. Sie ist in diesen wenigen Tagen schon richtig wieder aufgelebt. Es war ja leider so, daß sie all die Jahre die Hauptlast tragen mußte. Ich hatte immerhin zur Ablenkung noch meinen Beruf, der mich jede Woche fünf Tage lang in Anspruch nahm. Ich kam dauernd mit vielen Menschen zusammen und mußte über Dinge verhandeln, die mit John nichts zu tun hatten. Dadurch hatte ich noch viele Interessen und Aufgaben, die mich laufend auf andere Gedanken brachten. Die arme Christina dagegen hatte nie Gelegenheit, Abstand zu gewinnen. Sie war in die Tragödie verwickelt, vierundzwanzig Stunden am Tag und sieben Tage die Woche. Sie war so isoliert in der kleinen Welt um John herum, daß sie sich oft fragte, ob es ihr je gelingen würde, sich wieder aus diesem engen Kreise zu befreien und mit anderen Menschen zu verkehren wie früher, ehe John geboren war.»

Lange saß ich auf dem Felsblock und schaute zu, wie der Morgen sich gleich einer Blüte entfaltete. Ich wandte mich um nach der aufgehenden Sonne. Hinter mir war ein hochgelegenes Tal, dessen grüne Wiesenhänge sich sanft zu einem stillen Weiher senkten, auf dessen dunkler Tiefe sich das Leuchten des Morgenhimmels spiegelte. An mehreren Stellen sah ich große Seerosenblätter auf der Oberfläche ruhen, und selbst aus der Entfernung konnte ich viele festgeschlossene Blütenknospen erkennen.

Seerosen hatte ich schon von Kindheit an geliebt. In makelloser Schönheit und Reinheit erheben sie sich aus dem Schlamm im Grunde der Teiche und ruhen auf der dunklen Wasserfläche wie mit goldenem Licht gefüllte Alabasterschalen. Ich fühlte ein Verlangen, einige dieser herrlichen Blüten für Paul und Christina als eine Gabe des Gedenkens an diesem Tage zu pflücken, der der achte Geburtstag ihres Kindes hätte sein können.

Ich stand also auf und ging zu dem kleinen See hinunter. Die Wiese war wie ein dicker, weicher Teppich unter meinen Füßen, und immer elastischer wurde mein Schreiten, je mehr ich mich dem Wasser näherte. Ich freute mich an den Tausenden von Blumen, winzigen Kostbarkeiten, die gleich schimmernden Juwelen in Moos und Gräsern verstreut waren.

Plötzlich gab der Boden unter mir nach! Meine Füße sanken in die weiche Schicht der Gewächse. Kaltes Wasser quoll auf und füllte meine Schuhe. Unwillkürlich versuchte ich zurückzuspringen, mein Gleichgewicht zu halten, doch auch hinter mir, wo ich eben noch gegangen war auf scheinbar festem Wiesengrunde, schien jetzt nur eine dünne Grasdekke über der wässerigen Tiefe zu schwimmen. Ich machte verzweifelte Anstrengungen, mich zu retten, und sprang so schnell ich konnte von einem Ort zum andern, doch wohin ich meinen Fuß auch setzte, das schwache Netzwerk der Gräser an der Oberfläche trug mich nur einen Augenblick, bevor es unter meinem Gewicht einbrach.

Es schien mir eine Ewigkeit, ehe ich endlich wieder festen Boden unter mir fühlte. Und selbst dann noch lief ich atemlos weiter, bis ich hoch oben am Wiesenhang schließlich erschöpft hinsank, um mich von dem Schrecken zu erholen. Ich zitterte am ganzen Leibe, und mein Herz klopfte zum Zerspringen. Es dauerte geraume Zeit, ehe ich wieder ruhig atmen konnte, und noch mehrere Tage lang nach diesem Erlebnis spürte ich eine seltsame Schwäche in allen Gliedern.

Ich schauerte, als ich den Blick zu dem glänzenden Weiher zurückwandte, der mit all seinen herrlichen Blumen so friedlich in der Morgensonne lag. Dicht unter dieser lieblichen Oberfläche lauerte etwas Furchtbares, das seine kalte Hand nach mir ausgestreckt hatte. Nun war kein Gedanke mehr daran, Seerosen pflücken zu wollen. Wie vollkommen erschlagen man sich fühlen kann, nachdem man nur wenige Augenblicke einer unerwarteten Gefahr ausgesetzt gewesen war!

Als ich da so saß, kam mir der Gedanke, daß es Paul und Christina ähnlich ergangen sein mußte, als plötzlich der Grund ihres Lebens unter ihnen schwankte. Doch ihr Erlebnis mußte noch unendlich viel schlimmer gewesen sein, nicht nur auf wenige Augenblicke beschränkt, sondern schmerzlich in die Länge gezogen – und überhaupt auf einer ganz anderen Ebene. Doch auch sie hatten mit Entsetzen auf etwas Furchtbares gestarrt, das ganz unerwartet durch die Oberfläche des freundlichen Lebens gebrochen war, das sie zu führen gedachten; ein schweres Schicksal, das zu ihnen gehörte und das vielleicht schon immer ganz dicht unter der Oberfläche verborgen gewesen sein mochte, ohne daß sie seine Gegenwart je geahnt hatten. Auch sie hatten geträumt von herrlichen Blumen, die den dunklen Wassern der unbekannten Zukunft entblühen würden, doch statt dessen hatten diese Wasser sich vor ihren Augen geteilt und einen häßlichen Abgrund sichtbar werden lassen.

Aber, kam es mir plötzlich zum Bewußtsein – und hier lag der Unterschied –, sie hatten nicht so schnell aufgegeben wie ich. Obwohl sie vor der fürchterlichen Enthüllung zurückbebten, hatten sie doch den Mut gehabt, dicht an den Abgrund zurückzutreten und hineinzuschauen, aus freiem Entschluß. Und – was wußte ich denn weiter? – hatten sie nicht doch schließlich noch ihre Seerosen gepflückt, ihre Schalen voll goldenen Lichtes, erblüht aus der dunklen Tiefe des Leides? Hatte Christina nicht selbst gesagt, daß diese Jahre voller Bitterkeit und Not zu den kostbarsten Jahren ihres Lebens geworden waren?

Noch einmal schaute ich zögernd auf den Weiher hinunter. Ich sah ihn mir genau an, und ich entdeckte eine Stelle, wo eine lange, schmale, grasbedeckte Erhöhung bis ganz an den Wasserspiegel hinunterlief. Falls diese Erhöhung sich auf festen Boden gründen sollte, würde es mir vielleicht möglich sein, von ihrem äußersten Ende aus einige Blüten zu erreichen und so doch noch meine Seerosen zu pflücken.

In weitem Bogen ging ich um den Sumpf herum und schritt vorsichtig auf dem schmalen Damm entlang. Er war wirklich aus hartem Fels gebildet, der überall durch das Gras hervorguckte. Er führte ganz zum Wasserspiegel hinunter, und von seinem äußersten Ende konnte ich gerade noch die nächste Blüte mit dem Griff meines Spazierstockes erreichen.

Als ich mich so über das Wasser beugte, bemerkte ich dicht am Ufer einen abgeschnittenen Blütenstengel. Die Blume mußte erst ganz kürzlich gepflückt worden sein. So war also noch jemand anders hier oben gewesen und hatte sich Seerosen geholt!

Es gelang mir nur, eine einzige Blüte zu erbeuten, aber ich war überglücklich und trug sie im Triumph nach Hause, als sei sie wahrhaftig ein kostbarer Schatz.

Als ich unten ankam, war es erst halb neun Uhr. Paul und Christina hatten schon am Frühstückstisch Platz genommen und wunderten sich über mein spätes Erscheinen. Als ich ihnen zur Feier des Tages die Seerose gab, weiteten sich ihre Augen, und sie sahen mich an, als trauten sie ihren eigenen Sinnen nicht.

Erst später am Tage erfuhr ich, warum sie so offensichtlich bewegt gewesen waren, als ich ihnen die Seerose an diesem besonderen Morgen und im Gedenken an Johns Geburtstag überbracht hatte.

Am Nachmittag zeigte mir Christina einen Raum, den ich bis dahin nicht betreten hatte: Johns Schlafzimmer. Da standen auf einem Tisch vor einem großen Bilde des Kindes bei einer hohen brennenden Kerze zwei weiße Seerosen. Paul hatte die eine der Blumen, deren abgeschnittenen Stiel ich im Wasser gesehen hatte, am vorhergehenden Tage gepflückt. Nun erzählte mir Christina, warum er die Blüte gepflückt hatte.

Vor einem Jahr, gerade an Johns siebentem Geburtstag, hatte Paul früh morgens einen Spaziergang gemacht zu dem kleinen Bergsee hinauf. Als er die vielen schönen Seerosen sah, hatte er eine große Knospe gepflückt als Geburtstagsgeschenk für seinen kleinen Sohn. Zusammen hatten sie für John einen Geburtstagstisch aufgebaut und sieben hohe Kerzen im Kreis um die schneeweiße Blüte gestellt. Die Lichter hatten Johns Aufmerksamkeit erregt, und er hatte immer wieder darauf hingeschaut.

Drei Tage später war John plötzlich gestorben.

Nach Johns Tod hatte Christina sich längere Zeit nicht entschließen können, das Kinderzimmer zu betreten. Als sie eines Tages ihren Mut zusammennahm und die Tür öffnete, fiel ihr Blick auf die Seerose, die immer noch im Kreise der sieben Kerzen stand und so frisch aussah, als sei sie eben erst gepflückt worden. Nach allem Geschehenen war Christina zutiefst erschrocken beim Anblick dieses Geburtstagstisches, den sie ganz vergessen hatte.

Lange stand sie regungslos in der offenen Tür und schaute darauf hin, bis sie schließlich in Tränen aufgelöst zusammenbrach.

Diese ersten Wochen nach Johns Tod waren sehr schwer gewesen. Sieben Jahre lang war Christina Tag und Nacht nicht zur Ruhe gekommen, und fast jeder Augenblick war von bedrückenden Pflichten erfüllt gewesen. Sie hatte sich niemals frei von sorgenvoller Verantwortung fühlen können. Dann plötzlich hatte sie nichts mehr zu tun. Das Haus, das so oft von unerträglichem Geschrei erfüllt gewesen war, stand nun in unerträglichem Schweigen.

Und da erlebte es Christina, daß der Anblick der Seerose ihr ein wahrer Trost wurde. Die Blüte war ein lebendiges Andenken an den glücklichsten Tag in Johns ganzem Leben, an jenen Tag, der mehr als jeder andere von Hoffnungen und Versprechen erfüllt gewesen war. Obwohl diese Hoffnungen und Versprechen nun versunken waren und sich in diesem Sinne nicht mehr erfüllen konnten, so schien es doch, als wolle die Seerose Christina aufmerksam machen auf andere, neue Hoffnungen und Versprechen, die in einer ganz anderen Sphäre und in einem ganz anderen Sinn sich erfüllen könnten.

Es war, als ob die Blume zu ihr sprach: ‹Sieh mich an! Ich habe in mich aufgenommen alle die Gefühle der Freude und Hoffnung, die eure Herzen bewegten, während ihr mit eurem Kinde den Geburtstag feiertet, der sein letzter sein sollte. Durch all die schwere Zeit der Trauer hindurch habe ich meine Frische und Schönheit zum Zeichen jenes Lebens bewahrt, das ewig währt, mag auch die irdische Schale, in der es eine Zeitlang umschlossen war, nun zerbrochen sein. So bleibt auch die zerrissene und leere Schale einer Puppe zurück, nachdem der Schmetterling davongeflogen ist, und ich möchte dir jetzt helfen, deine Augen abzuwenden vom traurigen Hinstarren auf die zerbrochene Hülle, während du schon längst die Schönheit des Schmetterlings hättest erschauen können, der sich auf glänzenden Flügeln emporschwingt.›

Die Seerose, die sich frisch und jung erhalten hatte, sprach Christina von John, wie er nun geworden war, frei von den Kämpfen und der Last des Körpers, den er hatte tragen müssen, und die Schwingen seiner Seele weit entfaltend in einer Welt des Lichtes. So wurde ihr die kleine Blume zu einem Symbol des Lebens jenseits aller Fesseln des irdischen Daseins, des Lebens jenseits der Todespforte, wo alle Hoffnungen und Versprechen mit einem ganz neuen Sinn begabt werden.

«Du glaubst also, daß es ein Leben nach dem Tode gibt?» fragte ich. «Du glaubst, daß John in einer anderen Welt lebt und glücklich ist?»

«Ich glaube es nicht nur», antwortete Christina, «ich weiß es!» Er lebt jetzt, wie er auch gelebt hat, ehe er geboren wurde, ehe er zu uns kam und die Last eines kranken Leibes auf sich nehmen mußte.»

Ich war tief beeindruckt von der vertrauenden Sicherheit, mit der Christina sprach. Ich schaute sie an und dachte an ihr krankes Kind, an die Sorgen und Leiden, die es seinen Eltern bereitet hatte, an die endlosen Qualen, die es selbst hatte erdulden müssen, und die Frage nach dem Warum brannte in meinem Herzen.

«Warum nur», fragte ich, «ist es so, daß manche Menschen von einem so schweren Schicksal betroffen werden, während doch viele andere ein Leben lang in leichten und glücklichen Umständen verbringen dürfen? Es scheint so gar keine Gerechtigkeit zu walten beim Werfen der Lebenslose, bei der Wahl der individuellen Schicksale, die einem jeden von uns beschieden sind.»

Doch Christina antwortete: «Auch ich dachte früher ganz wie du, das heißt, sofern ich überhaupt je nachdachte über solche Fragen, denn ich war jung, unerfahren, unbefangen – bis John erschien und mich anders belehrte. Von diesem Kinde habe ich so vieles gelernt, das ich vorher nicht wußte. Und auch dieses Wissen habe ich nur ihm zu verdanken, das Wissen, daß es tiefe Gründe gibt für alle Schicksalsereignisse, obwohl es oft so aussieht, als ob sie uns nur ‹zufällig› träfen. John hat uns gelehrt, daß selbst ein hartes, grausames Geschick aus unendlicher Weisheit, aus göttlicher Güte und Gerechtigkeit fließt, vielleicht sogar um so mehr, wenn wir so gar nicht begreifen können, womit wir es verdient haben. Es ist so schwierig, dies verstehen zu lernen, aber wenn wir nur erst angefangen haben, einen Schimmer dieser Wahrheit zu erhaschen, so offenbaren sich uns ganz neue Möglichkeiten, einander zu helfen und zu dienen.»

Den vollen Sinn dieser Worte begriff ich erst einige Tage später, als Paul und Christina beschlossen, mich noch tiefer in ihr Vertrauen zu ziehen. Es war am Todestag des Kindes. Am Abend dieses Tages saßen Christina und ich wieder draußen auf dem Rasen und schauten auf das Meer hinaus. Paul hatte sich ins Haus zurückgezogen, um an seinem Schreibtisch zu arbeiten. Er wollte uns in dieser Stunde allein lassen.

Nach einer Weile begann Christina:

«Paul und ich möchten gern, daß du noch mehr über das Leben unseres Kindes erfährst, obwohl es dir schwer fallen mag zu glauben, was ich dir jetzt erzählen will.

Es war vor vier Jahren, da geschah etwas, das unser ganzes Leben von Grund auf verändert hat. Es war zu einer Zeit, als ich selbst ganz am Ende meiner Kräfte war. Mehrere Wochen lang hatten wir zur Aushilfe niemanden gehabt als ein älteres Ehepaar aus dem Dorf. Sie verrichteten treulich allerlei Arbeit in Haus und Garten, aber sie konnten mir nicht bei der Betreuung des Kindes helfen.

John war schon einige Zeit besonders schwierig gewesen. Seine Verdauung war nicht in Ordnung, und seine Ernährung war ein Problem geworden. Es dauerte oft mehr als eine Stunde, ihn nur mit ganz kleinen Mengen zu füttern. Weder Paul noch ich konnten uns erinnern, wann wir zuletzt eine Nacht durchgeschlafen hatten. Es war eine Zeit, in der unsere Ausdauer mehr denn je auf die Probe gestellt wurde, und wir wurden immer mehr von Zweifeln gequält, ob wir recht hatten, das Kind zu Hause zu behalten, oder ob wir gezwungen sein würden, uns doch noch von ihm zu trennen.

An diesem besonderen Tage hatte das Kind fast ununterbrochen geschrien, und ich war der Verzweiflung nahe. Ich fühlte, wie ich mich innerlich an einen dünnen Faden klammerte, der jeden Augenblick reißen konnte. Es war am Nachmittag kurz nach vier Uhr, und ich war allein im Hause mit dem schreienden Kind. Die beiden alten Leute aus dem Dorf waren kurz zuvor fortgegangen, und Paul würde erst um fünf Uhr zurückkommen.

Ich hatte alles getan, was in meiner Macht stand, um den Zustand des Kindes zu erleichtern und ihn bequemer zu betten. Ich hatte versucht, ihm eine beruhigende Medizin einzuflößen, aber er konnte nichts bei sich behalten. Die Situation wurde immer schlimmer. Schließlich konnte ich es kaum noch aushalten. Ich würde den Arzt anrufen müssen, denn dies war mehr, als ich verkraften konnte. Ich fühlte, wie ich innerlich zerbrach. Es half alles nichts, ich würde Paul gestehen müssen, daß ich am

Ende war. Ich konnte nicht mehr weiter. Nun würden wir das Kind doch noch fortgeben müssen. Verzweiflung faßte mich, und gleichzeitig schämte ich mich furchtbar meiner Schwäche. Ich versuchte mir einzureden, daß alles gar nicht so schlimm sei; daß ich schon viel schwerere Zeiten mit John tapfer durchgestanden hatte; daß mir wirklich nichts fehlte als ein paar Stunden gesunder Schlaf. Dann würde ich wieder Herr meiner selbst sein, und alles konnte seinen Lauf nehmen wie bisher. Ich rang und kämpfte mit mir selber, während des Kindes schrille, durchdringende Schreie mir qualvoll in die Seele schnitten. Fast fing ich selbst an zu schreien, um die schrecklichen Laute zu übertönen. Dieses unglückselige Wesen vor mir war mein eigener Sohn und jenseits aller Hilfe, die ich ihm geben konnte. Ich sah gar keine Zukunft mehr vor uns, nur noch einen Abgrund voll finsterer Verzweiflung. Ich fühlte mich selbst ganz krank und erschöpft, körperlich sowohl wie seelisch.

Plötzlich hörte ich Motorengeräusch. Pauls Wagen bog in die Einfahrt. Ich fuhr auf und sah nach der Uhr. Es war schon fast fünf Uhr!

Ich faßte nur noch einen Gedanken: Paul durfte mich hier nicht in diesem Zustand finden! Um seinetwillen mußte ich mich zusammenreißen! Ich floh aus dem Zimmer und lief die Treppe hinunter durch die offene Tür auf die Terrasse. Voller Angst spähte ich nach einem Platz, wo ich mich verstecken konnte, wo ich wenigstens die Begegnung mit Paul aufschieben konnte, bis ich mich wieder in der Gewalt hatte. Schon hörte ich seine Schritte von der Garage her näher kommen, als ich mit Windeseile über den Rasen flog und in das Gartenhaus schlüpfte. Dort sank ich in einen Stuhl, begrub mein Gesicht in meine Arme auf dem Tisch und fing an, hoffnungslos zu weinen.

Ich war gerade etwas zu spät gewesen. Paul hatte mich schon gesehen und war mir gefolgt. Er sagte nichts, sondern setzte sich stillschweigend neben mich. Armer Paul! Ich hatte so sehr gewünscht, ihm den Anblick seiner Frau in diesem trostlosen Zustand zu ersparen. Er sollte nicht sehen, wie sehr ich zerbrochen war, vollkommen erschöpft und am Rande meines Verstandes. Jetzt würde er uns beide durchtragen müssen. Und wer würde nun ihm beistehen, da seine eigene Frau ihn im Stich gelassen hatte? Nie in meinem Leben war ich so vollkommen fertig gewesen, so absolut kraftlos und unfähig, einen weiteren Schritt zu machen.

Obwohl ich von Herzen wünschte, Paul hätte mich so nicht gesehen, begann ich doch in seiner Gegenwart eine nie gekannte Süße des Trostes zu empfinden. Ein stärkendes Gefühl des Schutzes und der Geborgenheit strömte durch mein ganzes Wesen.

Und dann fing er an zu sprechen. Seine Worte waren erfüllt von einem unwiderstehlichen Klang der Kraft und Wärme. Ich war ganz im Banne seiner Stimme. Meine Tränen flossen langsamer, wurden endlich ganz gestillt, und ich mußte jedem seiner Worte lauschen.

‹Erinnerst du dich an den Ort, Christina, wo wir zuerst begriffen, daß wir zusammengehörten? Die alte Burgruine im fernen Österreich, wo wir beschlossen, uns zu heiraten? Als wir den Irrgarten der verlassenen und verfallenen Gänge betraten, da schienen wir beide ganz instinktiv zu wissen, wohin wir uns wenden mußten, um den Eingang zum uralten Burgverlies zu finden. Ich weiß noch genau, wie wir beide zutiefst erschrocken waren, als wir plötzlich vor dem gähnenden Loche standen. In jenem Augenblicke wußten wir, daß wir zusammen gehörten. Es war uns auf einmal klar, daß wir unsere Geschicke aneinanderbinden und gemeinsam durch das Leben gehen wollten. Es kam uns eigentlich später nie recht zum Bewußtsein, was uns in jenem Augenblick den Anstoß gegeben hatte. Wir glaubten einfach, daß wir uns schon immer gern gehabt und schließlich unsere gegenseitige Liebe entdeckt hatten. Aber es steckte doch viel mehr dahinter.

Liebe Christina, es gibt etwas in der Geschichte dieser alten Festung in Österreich, das eng mit unserer eigenen Geschichte zusammenhängt, und es ist wichtig für uns, daß wir heute davon erfahren.›

Und dann begann Paul zu erzählen, wie vor Jahrhunderten einmal diese Burg belagert war und endlich erstürmt wurde. Der Fürst, der dieses Schloß bewohnt hatte, wurde mit seiner Familie getötet, und seine Untertanen wurden von den siegreichen Feinden schwer bedrückt. Nur einem treuen Diener mit Namen Philip gelang es, mit den zwei jüngsten Kindern seines Herrn zu entkommen. Während der Kampf um die Mauern tobte, floh er mit den zwei kleinen Knaben in den Wald, und viele Tage lang vermochte er, sie dort zu verstecken und am Leben zu erhalten. Als er dann vorsichtig in die Nähe des Schlosses zurückkehrte, merkte er, daß alles verloren war und daß er eilen mußte, die Kinder außer Landes in Sicherheit zu bringen. Sie hatten fast die Grenze und damit die Freiheit erreicht, als Philip eines Tages die Kinder in ihrem Verstecke ließ, um Nahrung zu suchen. Dabei wurde er von den Söldnern des Feindes ergriffen, die die Wälder rings durchsucht hatten. Wie durch ein Wunder blieben die Kinder unentdeckt und wurden später von einem Bauern gefunden, der sie erkannte an den goldenen Ketten, die sie unter dem Wams trugen. Er brachte sie in Sicherheit und zog sie mit seiner eigenen Familie auf.

Während Paul sprach, war mir die ganze Geschichte so lebhaft vor Augen, als sei ich selbst dabei gewesen.

Dann erzählte er weiter, wie Philip inzwischen zu der Burg zurückgebracht und dort nach den zwei Kindern ausgefragt wurde, doch wollte er nichts verraten. Der fremde Eroberer hatte keine Ruhe, solange er wußte, daß zwei Söhne seines erschlagenen Feindes noch am Leben waren und eines Tages zurückkehren könnten, um ihren Vater und ihre Familie zu rächen. Und hier in seiner Gewalt hatte er einen Mann, der die zwei Knaben kannte, der sie kurz zuvor noch gesehen hatte und ihren Aufenthaltsort hätte verraten können. Er versuchte alles in seiner Macht Stehende, um Philip zum Reden zu bringen, aber Philip weigerte sich hartnäkkig zu sprechen. Schließlich begann er Philip zu foltern, doch selbst in der Qual der Folter blieb Philip treu und standhaft und behielt sein Geheimnis für sich.

So kam es, daß die beiden Knaben aufwuchsen, und eines Tages gelang es ihnen, die Burg ihrer Väter zurückzuerobern und die unrechtmäßigen Besitzer aus ihrem Lande zu vertreiben.

Ihre erste Frage galt Philip, aber zu ihrem größten Kummer hörten sie, daß sie zu spät gekommen waren, ihn zu befreien. Er war schon einige Zeit zuvor unter den traurigsten Umständen gestorben. Man hatte ihn lange auf das Grausamste gequält, aber immer so, daß man den Tod geschickt vermieden hatte. Philip hatte schließlich durch die wiederholten und ausgedehnten Folterqualen seinen Verstand verloren. Doch selbst als er wahnsinnig geworden war, hatte man vermieden, ihn ganz zu töten, in der Hoffnung, daß er in seinem zerrütteten Geisteszustand das Geheimnis doch noch preisgeben möge. Aber keine Auskunft kam je über die Lippen des unglücklichen Gefangenen, und schließlich war er gestorben. Aber lange Zeit, ehe der Tod ihn erlöst hatte, hatte er in dem kalten feuchten Verlies hausen müssen, in einem Zustand, der eines Tieres unwürdig gewesen wäre, und die Bauern in einer nahen Waldsiedlung hatten seine wilden, unmenschlichen Schreie gehört, die weithin über das dunkle Tal die Stille der Nacht zerschnitten.

Die beiden jungen Ritter waren erschüttert von allem, was sie hörten. Sie standen am Eingang zu jenem fürchterlichen Verlies und schwuren, daß sie das Unrecht gut machen wollten, das hier geschehen war. Sie beteten inbrünstig zu Gott und flehten ihn an aus tiefstem Herzensgrunde, er möge ihnen die Gnade gewähren, Philip wiederzubegegnen, wo immer seine Seele zu finden sein möge in dieser oder jener Welt, damit sie sühnen könnten, was er ihretwegen hatte leiden müssen. Und über die Jahrhunderte hinweg wurden ihre Gebete erhört.

Mit ruhiger Stimme fuhr Paul fort: ‹Du und ich, Christina, wir haben beide schon oft auf der Erde gelebt, und auch in früheren Leben schon haben wir zusammengehört. Wir selbst waren einst die beiden Knaben, die ihr Leben Philips Mut und Treue zu verdanken hatten. Wir waren jene beiden jungen Ritter, die aus der tiefen Traurigkeit ihrer Herzen zu ihrem Schöpfer beteten, daß er ihnen gewähren möge, ihrem treuen Diener wieder zu begegnen, um ihm nun ihrerseits dienen zu können.

Und an dem Orte des gemeinsamen Schwures hat das Schicksal uns nach Jahrhunderten wiederum verbunden, und Philip ist zu uns zurückgekehrt als unser kleiner Sohn John, damit wir nun unser altes Gelübde erfüllen können, damit wir ihn pflegen und betreuen und mithelfen können, die Wunden zu heilen, die er einst um unseretwillen empfangen hat.›»

Christina fuhr fort: «Als Paul mir all dies erzählt hatte, da war ein langes, tiefes Schweigen. Dann hörte ich Schritte auf dem Kies des Gartenweges und – Pauls Stimme in der Ferne rufend: ‹Christina, wo bist du?›

Ich hob meinen Kopf und öffnete die Augen. Ich war ganz allein im Gartenhaus.

In dem Augenblick hörte ich die Kirchturmuhr im Dorf fünf Uhr schlagen. Fünf klare, langsame, betonte Schläge – und über den Rasen herüber kam Paul und suchte mich.

Ich war wie vom Schlag getroffen. War er nicht all die Zeit über bei mir gewesen? Und hatte er mir nicht langsam eine lange Geschichte erzählt? – Warum schaute er dann jetzt zur Tür herein, als ob er mich eben erst hier in meinem Versteck entdeckt hätte? Und warum schlug die Uhr denn jetzt erst fünf? Es war doch schon fast fünf Uhr gewesen, als ich aus dem Kinderzimmer fortlief? Und war das nicht eine Ewigkeit her?

Paul betrachtete mich ganz bestürzt. Er setzte sich zu mir und legte seinen Arm um meine Schultern. ‹Was ist denn nur geschehen, Christina?› fragte er. ‹Du siehst ja ganz verstört aus! Was ist nur vorgefallen? Sag es mir!›

Aber ich konnte nichts sagen. Für eine Weile konnte ich überhaupt nichts mehr begreifen. Was war denn eigentlich geschehen?

Ja, was war es nur? Ich versuchte mich zu sammeln. Die Geschichte! O ja, die Geschichte von Philip! Wie lebendig sie war – wir gehörten dazu – sie war ein Teil unserer selbst! Wie wunderbar war es doch, daß Paul sich an alles hatte erinnern können!

Ich schaute ihn an. Aber nein – es war ganz offensichtlich, daß er gar nichts davon wußte. Nur Furcht und Besorgnis waren in seinen Augen.

Was war geschehen? Wie waren wir überhaupt in diese Lage hineingekommen? Was konnte ich nur tun, um alles dieses zu entwirren? Ich versuchte zu denken. Es war eine harte Anstrengung. Nur mit der allergrößten Mühe gelang es mir allmählich, meine Gedanken wieder einigermaßen vernünftig aneinanderzureihen. Wenn Paul erst jetzt gekommen war – wenn er gar nicht hier bei mir gewesen war – wer war denn dann hier gewesen und hatte zu mir gesprochen mit Pauls eigener Stimme? Wer war es, dessen Gegenwart mir Kraft und Trost gegeben hatte? Wer war es, der soviel von uns wissen konnte, mehr als wir selber je gewußt hatten? Wer war es, der meine Verzweiflung hatte auslöschen können und der vermocht hatte, das schmerzliche Rätsel unseres Lebens, das uns schon jahrelang gequält hatte, so plötzlich zu lösen?

Langsam fing ich an, Paul zu erzählen, was ich erlebt hatte. Und dann erzählte ich ihm die Geschichte von Philip. Während ich sprach, wurde mein Denken immer klarer, und ich fühlte neue Kraft in meine Glieder strömen. Es war, als helfe mir jemand, meine Worte zu formen.

Und dann plötzlich wurde es hell in mir, und ich *wußte* auf einmal, wer hier gewesen war und zu mir gesprochen hatte mit einer Stimme, die ganz wie Pauls Stimme geklungen hatte – tröstend, ratend, mich geleitend in meiner Stunde der tiefsten Verzweiflung. Es war ein Augenblick, den ich nie vergessen werde, und ich weiß nicht, wie ich ihn dir beschreiben soll. Aber ich wußte, daß Er auch dann noch bei uns war. Während ich mich aufs äußerste bemühte, Paul klar zu machen, was geschehen war, blieb Er bei uns und half uns, diese Krise in unserem Leben zu überwinden. Er gab uns das Leben zurück in einer Zeit, da es immer aussichtsloser schien, überhaupt noch weiterleben zu wollen. Er half uns, aufs neue zu beginnen.

Paul sagte mir später, wie furchtbar erschrocken er gewesen war, als er mich so im Gartenhause gefunden hatte, und wie alles, was ich ihm dann sagte, ihn bis ins Mark erschüttert hätte. Aber dann war etwas in ihm gewesen, das alle meine Worte verschlungen hatte und sich mit unwiderstehlicher Gewalt von Philips Geschichte angezogen fühlte. Beide wußten wir irgendwie, daß das Erlebnis dieses Abends wahr gewesen war. Es war uns beiden zumute, als seien wir von einem langen, beängstigenden Traum erwacht, als hätten wir einen Teil unseres eigenen Wesens wiedergefunden, den wir lange verloren hatten.

An jenem Abend wurde es sehr spät, ehe Paul und ich endlich das Gartenhaus verließen und in das Kinderzimmer hinaufgingen. Als wir eintraten, lag das Kind in so friedlichem Schlummer, wie wir es noch nie zuvor gesehen hatten. Während wir noch standen und es staunend betrachteten, bewegte es sich und öffnete die Augen. Es hatte nicht den gewohnten leeren Blick, sondern es schaute uns wirklich an, und zum ersten Male in seinem Leben erschien ein Lächeln auf seinen gequälten Zügen. Dann fiel es sofort wieder in tiefen Schlaf und schlief durch bis zum Morgen.»

Nach einer Weile fügte Christina noch hinzu: «Die ganze tiefe Bedeutung dieses Erlebnisses enthüllte sich uns immer mehr und immer überzeugender im Laufe der Zeit. Wäre es ein leerer Traum gewesen, so wäre es bald verwelkt. Es hätte keine Früchte tragen können. Aber dieses Wissen, das uns so unerwartet geschenkt worden war, erwies sich mit jedem neuen Tage als eine fruchtbare Wirklichkeit.

Jener Abend, der mit Verzweiflung begonnen und mit ehrfürchtigem Staunen geendet hatte, wurde zum Wendepunkte unseres Lebens. Von da an war alles anders. Es war einfach eine Tatsache, daß Johns Zustand sich besserte. Immer wieder fragten wir uns, ob es uns nur so vorkam, als sei das Kind weniger schwierig geworden als früher. Nein, es hatte wirklich Fortschritte gemacht, und von Tag zu Tag wurde es besser mit ihm.

Und dann war da noch etwas anderes. An jenem Abend hatten Paul und ich eine Quelle der Kraft gefunden, die nie mehr versiegte. Nie wieder empfanden wir, daß irgend etwas, das wir für John zu tun hatten, zu schwer für uns war. Das Wissen um unseren früheren Zusammenhang, das Wissen um die uralte Schuld, die wir selbst gebeten hatten, abtragen zu dürfen, dieses Wissen befeuerte uns unaufhörlich, erfüllte uns mit gutem Willen und Begeisterung und gab uns die Kraft, die wir für unsere täglichen Pflichten nötig hatten.

Es war die Zeit, da wir endlich aufhörten, mit dem Schicksal zu hadern und uns aufzulehnen gegen die Grausamkeit unverdienter Leiden. Wir wußten nun: Jenes unbestimmte Gefühl, das uns geleitet hatte, das uns empfinden ließ, die Not dieses Kindes sei im tiefsten Grunde eng mit uns verbunden, dieses Gefühl hatte uns richtig geführt. Wir wußten nun auch, daß das, was heute eine furchtbare Tragödie zu sein schien, in Wirklichkeit nur die Sühne war, der Heilungsprozeß, für jene wahre Tragödie, die sich vor langer Zeit schon abgespielt hatte. Unser gegenwärtiges Leid war nicht ungerecht über uns verhängt worden, sondern wir selbst hatten in einem früheren Leben das Schicksal bereitet, das uns in diesem Leben traf.»

Paul gesellte sich später zu uns. In der warmen, hellen Sommernacht, beim fernen Rauschen des Meeres, sprachen wir noch zusammen bis in die frühen Morgenstunden hinein. Und wir wußten, wir waren nicht allein.

Peter mit dem großen Kopf

Langsam geht der Bau unserer neuen Kirche seiner Vollendung entgegen. Dreizehn Jahre ist es her, seit wir den Grundstein legen konnten, und heute ist ein besonderer Festtag, denn wir konnten endlich mit dem Bau der neuen Orgel beginnen. So will auch ich heute den Anfang machen, zu tun, was ich mir schon lange vorgenommen habe: all die merkwürdigen Begebenheiten aufzuschreiben, die sich im Zusammenhang mit dieser Kirche zugetragen haben. Wir schätzen, daß es noch zwei Jahre dauern mag, bis wir die Einweihung feiern können, und dann will ich diese Schrift in der Kirche niederlegen.

Meinen Tisch habe ich an das Fenster geschoben, so daß ich beim Schreiben immer den Blick auf Dorf und Kirche vor mir haben kann – und weit darüber hinaus auf das wunderbare Bergland, das uns umgibt.

Dreiundvierzig Jahre ist es nun her, seit ich zum ersten Mal an diesem Fenster stand und hinausschaute auf die Landschaft, die mir so vertraut werden sollte. Damals war es auch ein Sommerabend, ganz ähnlich wie heute. Ich hatte eine lange Reise hinter mir und war am späten Nachmittage in diesem abgelegenen Gebirgsdorf angekommen, um den Posten des Schulmeisters und Organisten anzutreten.

Das Dorf hatte eine schöne alte Kirche, die früher einmal zu einem Kloster gehört hatte. Das Kloster war in den Wirren des Dreißigjährigen Krieges zerstört worden, und nur die Kirche mit allem, was sie barg, war übrig geblieben. Beim Herauffahren im offenen Pferdewagen hatte ich ihren Turm schon von weitem erblickt. In dieser Kirche gab es eine berühmte Orgel, auf der ich am kommenden Sonntag zum ersten Male vor versammelter Gemeinde spielen würde. Ich brannte vor Verlangen, in die Kirche zu gehen und mich auf der Orgel zu versuchen, aber vorerst gab es anderes zu tun. Der Gemeindevorsteher hatte mich mit seinen Dorfältesten empfangen, und gemeinsam hatten sie mich durch das neu hergerichtete Schulhaus geführt, in dessen oberem Stockwerk ich wohnen sollte. Eben waren sie mit mir an dieses schönste aller Fenster getreten, um mir stolz die herrliche Aussicht zu zeigen, als unsere Aufmerksamkeit auf eine Gestalt gelenkt wurde, die an der Biegung der Dorfstraße sichtbar wurde.

Es war dies eine ganz merkwürdige Gestalt. Auf einem unverhältnismäßig großen Kopfe saß schief eine seltsame Mütze, die den Kopf noch größer erscheinen ließ. Die langen Arme bewegten sich wie Ruder, und im Takt dazu erschallte eine mächtige Stimme mit einem Klang, der ein Mittelding zwischen Sprechen und Singen war. «Hier kommt unser Peter», sagte der Gemeindevorsteher schmunzelnd, «der wichtigste Mann im ganzen Dorfe! Der schaut nach allem und jedem, und ohne ihn würden wir gar nicht fertig werden.»

Wie um die Richtigkeit dieses Ausspruches zu beweisen, ging Peter in diesem Augenblicke in Tätigkeit über. In der Wiese hatte er eine Kuh entdeckt, die gerade im Begriff war, sich durch die Hecke hindurch einen Weg in die Nachbarwiese zu bahnen. Mit einem gewaltigen Sprung, den ich niemandem zugetraut hätte, setzte Peter von der Straße her über Graben und Hecke hinweg, rannte der Kuh nach, ergriff sie bei den Hörnern, schob sie in ihre eigene Wiese zurück und flocht die Zweige der Hekke ineinander, um die Lücke zu verdecken. Dann folgte er gestikulierend der Kuh und redete ihr nachdrücklich ins Gewissen.

Als Peter über Hecke und Graben auf die Straße zurücksprang, entdeckte er uns am Fenster. Er winkte herauf, zog seine Mütze und verbeugte sich tief, schwenkte sie dann in Richtung der Kuh mit einem unverständlichen Wortschwall, der uns anscheinend über die Sache aufklären sollte, und bog schließlich lachend und mit seinen langen Armen rudernd in den Hof der Gastwirtschaft ein.

Nachdem man mir stolz meinen künftigen Wirkungsbereich gezeigt und sich überzeugt hatte, daß es mir in meiner Wohnung an nichts fehle, gingen wir alle zum Abendbrot in die Dorfschenke hinüber. Der Wirt und seine Familie hatten ihr Bestes getan, die Mahlzeit festlich zu gestalten, und bald fühlte ich mich im Kreise dieser rechtschaffenen Gebirgsbauern so vertraut, daß mir zumute war, als sei ich heimgekommen.

Nach dem Essen wurde ich in die geräumige Küche geführt, wo die treuen Helfer ihrerseits zum Abendbrot um den großen Küchentisch versammelt saßen. Und dort in ihrer Mitte thronte Peter. Bei meinem Anblick richtete er sich auf, strahlte mich an, schwenkte mir mit einem Schwall unartikulierter Laute zum Gruße seinen stattlichen Humpen entgegen und leerte ihn in einem Zuge auf mein Wohl. Dann stand er auf, kam um den Tisch herum, legte mir seine beiden großen Fäuste auf die Schultern und nahm mich von oben bis unten in Augenschein. Schließlich gab er mir einen ermunternden Schlag auf den Rücken, schien sich mächtig zu freuen und brach in einen weiteren Schwall unverständlicher Laute aus.

Die Leute lachten, und der Wirt sagte: «Sie haben die Prüfung bestanden. Er ist mit Ihnen zufrieden und hat Sie angenommen. Jetzt gehören Sie auch zum Dorf!»

Vom Wirtshaus ging der Gemeindevorstand mit

mir in die Kirche hinüber. Während die übrigen Küchenleute und Hausangestellten zurückblieben, schloß Peter sich an und ging mit, so als ob es das Selbstverständlichste von der Welt sei, daß er zum Gemeindevorstand dazugehörte und dabei zu sein habe, wenn etwas Wichtiges vorging. Er hielt sich neben mir, damit ich den Weg nicht verfehlen sollte. An der Kirchentür ergriff er mich obendrein fest am Ärmel und ließ nicht wieder los, bis er mich dort hatte, wo er mich haben wollte: an der Orgel. Schon gleich nach dem Eintritt in die Kirche schob er mich energisch nach links, wo – wie ich später sehen sollte – von Nebenräumen her die Treppe zur Orgelempore hinaufführte, und er grunzte mißbilligend, als die anderen ihm bedeuteten, daß wir zuerst zum Altar gehen und einiges andere besichtigen wollten. Während des Rundgangs durch die schöne alte Kirche schnaubte er von Zeit zu Zeit immer wieder ungeduldig, und als wir dann endlich die Treppe zur Orgel emporstiegen, da war er sichtlich erfreut. Oben machte er keine langen Umstände. Er griff mich fest an beiden Armen, schob mich auf die Orgelbank, legte meine Hände auf den Deckel und bedeutete mir mit unmißverständlichen Handbewegungen seinerseits, ich solle aufmachen und spielen. Dann hatte er sich schnell wie der Wind hinabgebeugt und meine Füße auf die Pedale gehoben. Die andern lachten und lobten, und ehe ich mich versah, hatte ein Orgelkonzert begonnen, das ganze zwei Stunden dauern sollte.

Alle hatten sich auf die Bank gesetzt, die am Geländer der Empore entlanglief, aber Peter schob sich vorsichtig auf das äußerste Ende der Orgelbank, indem er seine langen Beine rücksichtsvoll außerhalb der Pedale ließ, und in dieser unbequemen, halbgedrehten Stellung verharrte er geduldig bis zum Ende der Musik. Ja, ich hatte den Eindruck, er hätte noch stundenlang so weiter dasitzen und lauschen können.

Jedesmal, wenn ich aufhörte, baten die Männer, ich solle doch noch weiter spielen – nur etwas noch. Während ich mich in diesen Pausen umdrehte und mit den Leuten sprach, wurde ich gewahr – über das Geländer hinweg –, wie unten die Kirche sich mehr und mehr füllte.

Als wir endlich Schluß gemacht hatten und aus der Kirche in die helle Sommernacht hinaustraten – es schien das ganze Dorf versammelt zu sein, und die Leute trennten sich nur langsam und zögernd –, da war Peter verschwunden. Aber später, als ich in meiner neuen Wohnung damit beschäftigt war, die nötigsten Dinge für die Nacht aus meinem Gepäck herauszuholen – zum richtigen Auspacken war es inzwischen viel zu spät geworden –, da hörte ich plötzlich unten die Haustür gehen, und Peter tauchte bei mir im Schulhaus auf, in dem er jeden Winkel zu kennen schien. Ohne Umstände kam er die Treppe heraufgepoltert, ging schnurstracks durch den Gang in die Küche hinein und setzte dort einen großen Korb voller Sommerbirnen auf den Tisch.

Ungeachtet der späten Stunde ging er dann durch alle Räume und schaute sich um, so als müsse er sich überzeugen, daß alles in Ordnung und ich mit allem Nötigen versehen sei. Schließlich, indem er mit allem zufrieden zu sein schien, zog er wieder seine Mütze, verbeugte sich tief, murmelte etwas Unverständliches, strahlte mich an, wie er das schon vorher getan hatte, nickte, winkte, klappte die Mütze auf seinen Riesenschädel zurück und ging zur Haustür hinaus.

Ich sah ihm nach, wie er die Dorfstraße hinauftrottete, indem er wieder seinen merkwürdigen Sing-Sang anstimmte und im Vorbeigehen rechts und links über Hecken und Zäune schaute, wie um sich zu vergewissern, daß alles im Dorfe für die Nacht wohl versorgt sei.

Im Laufe der nächsten Tage lernte ich allmählich alle Dorfbewohner kennen, und dies war für mich ein erstaunliches und beglückendes Erlebnis, denn ich wurde überall von alt und jung so freundlich aufgenommen, als hätte ich lange schon dazugehört und sei nach einer Zeit der Abwesenheit nun wieder heimgekehrt. Die Kirche hatte eine große Gemeinde. Es gehörten in den Nachbartälern einige kleinere Dörfer dazu, die keine eigene Kirche hatten, und auch mehrere in den Bergen verstreut liegende Bauernhöfe. Es dauerte geraume Zeit, bis ich all diese außerhalb gelegenen Stätten besucht hatte. Die meisten der außenwohnenden Gemeindemitglieder hatte ich zwar schon bei ihren Kirchbesuchen kennengelernt, aber sie alle freuten sich dann, wenn sie mir ihre schöngelegenen Höfe zeigen konnten. Zu solchen Besuchen machte ich die herrlichsten Bergwanderungen, wurde aber auch oft von den Bauern auf ihren Pferdewagen mitgenommen.

Es geschah nicht selten, daß Peter sich bei solchen Gelegenheiten als mein Begleiter einfand. Dabei nun lernte ich eine besondere Seite seines Wesens kennen: Peter sammelte nämlich Kräuter. Er hatte eine merkwürdige Art, mit Kräutern Bescheid zu wissen. Niemand wußte zu sagen, wo er es gelernt hatte. Ihn dabei zu beobachten, war ein Erlebnis, dessen ich nie müde wurde. Er hatte seine Augen überall, und nichts entging ihm. Oft warf er plötzlich einen langen Arm hoch und wies auf irgend etwas hin, das er im Felde oder am Wegrande entdeckt hatte. Er liebte es, mich zu necken, wenn ich nicht gleich merkte, was er meinte. Dann schob er mich langsam in Richtung seiner Entdeckung, immer weiter darauf hinweisend, und forschte in meinem Gesicht, ob der Groschen noch nicht gefallen sei. Wenn ich das Rechte traf, bekam ich einen anerkennenden Schlag auf die Schulter. Wenn ich dumm war und er mir schließlich zeigen mußte, was er meinte, dann zuckte er bedauernd die Achseln und zog ein Gesicht, so als ob er sagen wolle: «Na ja, mit manchen Leuten muß man eben Geduld haben, auch wenn sie es schon bis zum Schulmeister gebracht haben.»

Peter war das einzige Kind armer Häuslersleute, die am Rande des Dorfes ein winziges Anwesen bewohnt hatten. Sie waren beide schon einige Jahre vor meiner Ankunft im Dorfe gestorben, zuerst die Mutter und bald danach der Vater. Peter war allein im Häuslein wohnen geblieben und hatte sich mit erstaunlichem Geschick und Gleichmut in seiner veränderten Lage zurechtgefunden. Die Dorfbewohner hatten ihn in ihre Familien aufnehmen wollen. Sie betrachteten ihn als das Kind der ganzen Gemeinde, und es gab kein Haus im Dorfe, in dem er nicht willkommen gewesen wäre. Sie hatten ihn derzeit alle gefragt, ob er nicht zu ihnen ziehen wolle, aber er hatte immer wieder stumm den Kopf geschüttelt und auf seiner Eltern Häuschen gewiesen. Dort war er zu Hause, dort wollte er bleiben. Die Leute hatten gemeint, sie würden sich um ihn kümmern und ihm helfen müssen, aber sie merkten bald, daß er sehr gut allein fertig wurde. Wenn sie bei ihm in die kleine Stube traten, sahen sie, daß alles immer blitzblank und sauber in Ordnung gehalten war. Er besorgte langsam und gründlich, was zu besorgen war, und er hatte ganz offensichtlich seine Freude an all den täglichen Beschäfigungen.

Nur seine Mahlzeiten bereitete er sich nicht selbst zu. Als der Vater von ihm gegangen war und er allein zurückblieb, da hatten sie ihm alle geholfen und hatten ihn zum Essen mit in die Dorfschenke gebracht. Das hatte er dankbar angenommen, und dabei war es geblieben. Zu allen Mahlzeiten fand er sich pünktlich in der Küche der Schenke ein. Oft brachte er etwas mit oder half bei der Arbeit, so als wolle er sich dankbar erweisen. Es war ein selbstverständliches, unkompliziertes Nehmen und Geben, und wie in der Schenke, so ging er auch in allen anderen Häusern auf die natürlichste Weise ein und aus. Überall war er jederzeit gern gesehen. Er war ein lieber Mensch, und die Leute merkten, wie gut seine Eltern ihn bei aller Einfachheit erzogen hatten. Seine Behinderungen standen nie im Wege, auch nicht die Tatsache, daß er nicht sprechen konnte. Man vergaß eigentlich, daß er nicht sprach, weil er sich immer verständlich zu machen wußte.

Seine Eltern waren stille, fromme Leute gewesen, von denen er viel Nützliches gelernt hatte. Sein Vater hatte ihn in allen möglichen Handfertigkeiten unterwiesen; seiner Mutter hatte er die praktischen Handgriffe im Hauswesen abgeguckt, und wenn es Feierabend war und die drei friedlich beieinander saßen – im Winter gemütlich drinnen am Feuer, im Sommer draußen auf der Bank neben der Haustür –, dann hatten die Eltern ihm viele Geschichten erzählt und hatten ihn gelehrt, aufmerksam zu sein auf alles, was im Leben vorgeht.

Mit seinem Kräutersammeln hatte Peter erst nach dem Tode seiner Eltern angefangen, und zwar war er durch einen merkwürdigen Zufall dazu gekommen. In der nächsten größeren Stadt unten im Tal war eines Tages ein Arzt beim Apotheker erschienen und hatte ihn gefragt, ob er ihm ein besonderes Medikament bereiten könne. Schon längere Zeit hatte dieser Arzt einen älteren Mann behandelt, dessen chronisches Leiden ihm hartnäckigen Widerstand bot. Nun hatte er sich eine neue Behandlung ausgedacht und bat den Apotheker, ihm zu helfen. Der Apotheker war also am folgenden Sonntag in die Berge hinaufgestiegen, um sich die zu dem neuen Medikament nötigen Kräuter zu suchen. Als er durch das Dorf kam, sah er eine Gruppe Männer im Gespräch beieinander stehen, und im Vorbeigehen fragte er von ungefähr, ob sie ihm sagen könnten, wo dortherum dieses und jenes Kraut zu finden sei. Peter war auch dabei, und ehe noch jemand antworten konnte, war er schon strahlend vorgetreten, hatte den Apotheker am Ärmel gegriffen und wollte ihn fortziehen. Der Apotheker zögerte, denn er merkte Peters Besonderheit, aber die Bauern versicherten ihm sofort, daß er bei Peter gut aufgehoben sei. «Der weiß Bescheid hier herum», sagten sie, «der wird Ihnen die Stellen zeigen.» So zogen die zwei also zusammen los und waren von Stund an innig befreundet.

Seit der Zeit bekam Peter immer mehr zu tun, um die Apotheke mit Kräutern zu versorgen, und in seinem Häuschen fing es an, anders auszusehen. Auf allen waagerechten Flächen erschienen säuberlich ausgebreitete Papierbogen, auf denen die gesammelten Blätter und Blüten, Wurzeln und Früchte aussortiert und verlesen wurden, und an den Wänden und Decken hingen die Kräuter gebündelt zum Trocknen. Auch in dem kleinen Gärtchen veränderte sich manches. Die Gemüse, die seine Eltern gezogen hatten, waren schon im ersten Jahre seines Alleinseins verschwunden, da Peter ja nicht selber kochte. Auch mit Himbeeren und Erdbeeren hatte er sich nicht weiter abgegeben. Statt dessen hatte er Blumen gesät, von denen er große Sträuße ins Dorf trug. Je mehr er pflückte und verschenkte, desto üppiger blühten sie. Die vorhandenen Obstbäume, Stachelbeeren und Johannisbeersträucher waren stehen geblieben und schienen sich selbst zu versorgen. Wenn sie mit Früchten behangen waren, trug Peter große Körbe voll davon in alle Häuser im Dorf und verschenkte glückstrahlend, was der Himmel beschert hatte. Nun wurden auf den Beeten merkwürdige Kräuter und Heilpflanzen angesiedelt, und als das Gärtlein dafür zu klein wurde, da floß es über, und die Kräuterpflanzung fing an, sich jenseits der Hecken in das Feld hinein auszudehnen. Der Bauer, dem das Feld gehörte, ließ Peter gern gewähren.

Es war ein friedliches, fröhliches, arbeitsreiches und gesundes Leben im Dorf und seiner Umgebung, und ich selbst war hineingewachsen, als ob ich von

Anfang an dazu gehört hätte. Schon an die zehn Jahre war ich im Amt als Schulmeister und Organist, als eines Tages etwas Außergewöhnliches geschah, von dem der ganze Landkreis noch lange sprechen sollte.

Es war an einem herrlich schönen Johannitage, der auf einen Sonntag fiel. Der Abendgottesdienst war vorüber, und die Kirche leerte sich beim Klange der Orgel. Das warm-goldene Licht der sich neigenden Sonne fiel schräg durch die hohen farbigen Fenster und erfüllte den Raum der Kirche mit unbeschreiblichem Leuchten. Wie träumend blieb ich an der Orgel sitzen und spielte, was mir in den Sinn kam.

Plötzlich wurde ich von unten gerufen. In der offenen Kirchentür standen mehrere Leute, winkten und riefen aufgeregt, ich solle schnell ins Schulhaus kommen.

Als ich aus der Kirche trat, sah ich Dr. Fendlers Einspänner vor dem Schulhause halten. Dr. Fendler, unser alter Arzt, der schon lange Jahre allein den ausgedehnten Landkreis betreute, stand neben dem Wagen, und an seiner Seite war Peter, der seinen großen Kopf über etwas neigte, das er in den Armen trug. Als ich hinzukam, sah ich zu meiner großen Verwunderung, daß es ein neugeborenes Kind war.

Die Leuten drängten hinzu, staunten, fragten, und Dr. Fendler sagte: «Oben im Walde gefunden! Peter hat es entdeckt und hat mich geholt! Die arme

Mutter ist mir nach der Geburt unter den Händen gestorben, aber das Kind ist gerettet. Wir müssen in den Wald hinauf und die Mutter holen.»

Indem hatte Peter sich langsam gewendet. Mit einem unbeschreiblichen Lächeln auf seinem lieben Gesicht bahnte er sich behutsam einen Weg durch das Gedränge. «Wo will er hin? – Was hat er vor?» so schwirrten die Fragen, aber niemand hemmte ihn, und sie gaben ihm den Weg frei. Langsam und vorsichtig schritt der große Mann, bis wir merkten, daß er auf Bertas Haus zuging.

Berta war meine Haushälterin und hatte von Anfang an meine Wirtschaft neben ihrer eigenen besorgt. Ihr Mann war Landarbeiter, hatte keinen eigenen Hof, sondern arbeitete auf den Höfen der Bauern, wo immer Hilfe gebraucht wurde. Er hatte ein Häuschen mit einem großen Garten und zwei Feldern, die ihm gehörten und zu deren Bestellung er sich nach Feierabend oder an Sonntagnachmittagen Pflug und Egge von den Bauern lieh. Er und Berta waren kräftige, gesunde Arbeiter, unermüdlich am Gange, und alles, was sie ihr eigen nannten, hatten sie sich durch ihrer Hände Arbeit langsam und stetig erworben. Sie hatten drei Kinder, drei kleine Mädchen, blauäugige mit blonden Löckchen, und vor zwei Monaten war ein viertes kleines Mädchen angekommen. Berta hatte nichts von dem Auflauf vor dem Schulhause gemerkt. Sie war in der hinteren Kammer ihres Häuschens beim Stillen ihres Kindes. Peter ging mit ruhigen Schritten geradewegs in die Kammer hinein und legte der erstaunten Berta das gefundene Kindlein zu dem eigenen in den Schoß.

Zu mehreren fuhren wir mit Dr. Fendler in den Wald hinauf. Die Bauern nahmen einen Leiterwagen mit. Ich stieg zu dem alten Arzt in seinen Einspänner, und unterwegs erzählte er mir, was geschehen war.

Er war am späten Nachmittag noch zu einem Kranken auf einen entfernt liegenden Hof gerufen worden. Auf dem Heimweg sah er plötzlich Peter, der ihm aufgeregt entgegengelaufen kam. Ohne Umstände stieg Peter in den Wagen, nahm dem Arzt die Zügel aus der Hand und trieb das Pferd an. Dr. Fendler ließ ihn gewähren, denn offensichtlich war etwas Dringendes im Gange, und er wunderte sich im stillen über Peters Geschicklichkeit. Nie zuvor in all den Jahren hatte er ihn Pferd und Wagen handhaben sehen, aber Peter tat es mit einer Sicherheit und Selbstverständlichkeit, als ob er jeden Griff durch lange Übung im Handgelenk habe.

Bald lenkte Peter von der Straße auf einen Feldweg ein, der quer durch die Äcker zum Wald hinaufführte, und dort ging es so schnell wie möglich auf einem Waldwege weiter, den die Holzfäller für ihre Wagen benutzten.

Peter fuhr schnurstracks hinauf zu einer einsamen Stelle im Walde, wo weitläufige, verfallene Gebäude lagen. Bei den Bauern der Umgegend hieß der Ort «Meierhof», denn man wollte wissen, daß das ehemalige Kloster vor mehreren Jahrhunderten dort oben eine Meierei gehabt habe. Es waren mehrere gute Quellen in der Nähe, und es gab dort herum große, saftige Waldwiesen, zu denen die Bauern immer noch im Sommer ihr Vieh hinauftrieben. Was von den verfallenen Gebäuden noch einigermaßen unter Dach und erhalten war, wurde zu verschiedenen Zwecken von Förstern und Waldarbeitern benutzt.

In einem weiten, teilweise überwachsenen Hofraum, wo ein uralter Ziehbrunnen wieder instand gesetzt war, hielt Peter den Wagen an und drängte den Arzt so schnell wie möglich zwischen Stößen von aufgestapeltem Holz zu einem alten Stallgebäude hin. Und dort lag – auf einem Haufen vorjährigen Heus, das vom Füttern der Waldtiere im Winter liegen geblieben war – eine fremde Frau mit einem neugeborenen Kind.

Dr. Fendler arbeitete so schnell er konnte, und Peter half ihm dabei. Aus dem Wagen holte er, was gebraucht wurde, und wickelte das Kind auf des Arztes Geheiß in ein großes Handtuch, während Dr. Fendler sich um die Mutter bemühte. Eine halbe Stunde lang rang er um ihr Leben, aber trotz aller Anstrengungen gelang es ihm nicht, sie zu retten.

Als er schließlich aufgeben mußte und sich umwandte, sah er Peter mit dem Kindlein im Arm unter einem wilden Rosenstrauch unweit des Brunnens sitzen.

Wer die fremde Frau war und woher sie gekommen, blieb ein Geheimnis und konnte trotz eingehender Nachforschungen niemals ergründet werden. Ich übernahm die Vaterschaft für ihren kleinen Sohn, und wir tauften ihn auf den Namen Johannes Silvio, weil wir ihn am Johannitage oben im Walde gefunden hatten.

Zuerst blieb das Kindlein bei Berta im Hause, und sie versorgte es zusammen mit ihrem eigenen kleinen Mädchen. Als es aber seinen ersten Geburtstag hatte, da überraschte uns Peter wieder einmal, indem er ohne weiteres in meiner Wohnung im Schulhaus eine kleine Kammer ausräumte, ein Kinderbettchen hineinstellte, Bildchen an den Wänden aufhing, Spielzeug hineinbrachte und eine dicke, große Geburtstagskerze mit Blumen auf ein Kindertischchen daneben stellte. Bett und Tischchen hatte er sich von einem Bauern geholt, wo sie schon eine Zeitlang unbenutzt auf dem Boden gestanden hatten, weil sie für des Bauern eigene Kinder inzwischen zu klein geworden waren. Spielzeug und Kerze hatte er sich aus der Stadt mitgebracht, als er wieder einmal Kräuter in die Apotheke hinuntergetragen hatte. Die Blumen kamen aus seinem eigenen kleinen Garten, die schönsten, die er finden konnte.

Von Anfang an hatte Peter sich diesem Findelkind mit einer ganz rührenden Hingabe gewidmet. Er wiegte und betreute den kleinen Johannes, er spielte mit ihm und half Berta, wo er nur konnte, bei der Versorgung der beiden kleinen Kinder. Wie bisher ging er seinen eigenen Geschäften nach, hielt sein eigenes Häuschen in Ordnung und sammelte seine Kräuter. Aber er hatte ein Gespür dafür, wann Hilfe gebraucht wurde, und dann erschien er unvermittelt, griff zu und tat, was nötig war, drüben bei Berta oder bei mir im Schulhaus.

Als Johannes drei Jahre alt war, tat Peter wieder etwas, das schicksalbestimmend werden sollte. Ich saß an der Orgel und übte für den kommenden Sonntag, als Peter plötzlich auf der Orgelempore erschien mit dem kleinen Johannes auf dem Arm. Er lachte über das ganze Gesicht, freute sich wie ein König, setzte mir das Kind auf die Knie und bedeutete durch Winke und Laute, ich solle dem Kind zeigen, wie man Orgel spielt. Ich tat ihm den Gefallen, drückte mit dem Kinderhändchen auf eine Taste und ließ einen langen, sanften Klang ertönen. Nie werde ich das Staunen vergessen, das in den großen Kinderaugen stand. Peter hatte seine helle Freude. Nach einer Weile deutete er an, ich solle Johannes richtig mit beiden Händen spielen lassen. Ich sagte, dafür sei er noch viel zu klein, er müsse erst viel größer und stärker werden. Peter war sehr enttäuscht, aber allmählich begriff er, daß ich recht hatte, nahm mir achselzuckend das Kind wieder von den Knien und trug es hinaus.

Von da an kam Peter immer wieder von Zeit zu Zeit mit dem Kinde auf die Empore, um festzustellen, ob Johannes inzwischen größer geworden war. An Orgelunterricht war noch lange nicht zu denken, aber bei einem jeden solchen Besuch wurden mehr verschiedene Register gezogen, und immer länger und anhaltender lauschte das Kind auf das mächtige Tönen. Jedesmal stand dabei das große Staunen in den Kinderaugen und lehrte mich selbst, das Wunder des Orgelklanges neu zu erleben.

So wuchsen wir ganz unmerklich in die Zeit hinein, da Johannes groß genug geworden war für richtigen Orgelunterricht, aber so allmählich war der Übergang vom kindlichen Spielen zum ernsthaften Üben, daß die Kunst des Orgelspielens auf die natürlichste Weise in dem Kinde wuchs, so wie ihm die Glieder seines eigenen Leibes wuchsen.

Obwohl ich Johannes an Kindes Statt angenommen hatte, war er doch – ebenso wie Peter – Kind des ganzen Dorfes. Als er neun Jahre alt geworden war, beschlossen wir, ihn auf die Lateinschule in die Stadt zu schicken. Er wohnte dort bei einer befreundeten Familie und kam zu den Sonntagen zu uns ins Dorf herauf. An der Domkirche in der Stadt war damals ein ausgezeichneter Organist, der Johannes als Orgelschüler annahm, da er ausgesprochene Begabung zeigte. Er machte schnelle Fortschritte, und obwohl er auch im Gymnasium ein guter Schüler war, so trat sein Orgelspielen doch immer mehr in den Vordergrund. Es war ein gewaltiges Erlebnis für ihn, auf der Orgel des großen Domes zu spielen, aber nach einigen Monaten schon gestand er mir, daß die Domorgel wohl großartig sei, daß sie sich mit der Orgel in unserer Dorfkirche aber nicht vergleichen lasse. Und so verbrachte er, wenn er zu Hause war, viele Stunden an seiner geliebten Orgel und zeigte mir, wie er auf unserer Orgel zustande brachte, was er der Stadtorgel nicht abgewinnen konnte.

Als Johannes siebzehn Jahre alt war, geschah das große Unglück, das unser aller Leben ganz verändern sollte. Wieder war es Hochsommer und die Zeit der großen Ferien. Johannes war daheim und verbrachte den größten Teil des Tages an der Orgel. Sein Spiel hatte erstaunliche Fortschritte gemacht, ja, ich wurde mit großer Freude gewahr, daß er anfing, mich zu überflügeln, und oft ließ ich ihn nun an meiner Stelle bei den Gottesdiensten spielen.

Es war an einem ungewöhnlich heißen Tage, und das ganze Dorf war beim Heumachen auf den Wiesen. Um diese Zeit – wie auch später in der Ernte und bei sonstigen großen Jahresarbeiten – pflegten die Bauern einander zu helfen. Wer arbeitsfähig war, zog mit hinaus, heute auf diese Bergwiesen und Felder und morgen auf jene.

Am Morgen dieses denkwürdigen Tages war auch Johannes beim Heumachen dabei gewesen, aber am Nachmittag zog es ihn an die Orgel, da er in der folgenden Woche bei einer Abendfeier im Dom zu spielen hatte und dafür üben mußte.

Ich war mit den anderen beim Heuwenden auf einer Wiese, die ungefähr eine halbe Stunde Weges vom Dorfe entfernt lag, aber jenseits des langen Bergrückens, der uns den Blick auf Dorf und Kirchturm verdeckte. Peter hatte schon längere Zeit neben mir in der langen Reihe gearbeitet, als ich merkte, daß er aus dem Rhythmus kam. Irgend etwas schien ihn zu beunruhigen, und plötzlich verließ er seinen Platz, lief auf den Baum zu, wo wir unsere Sachen gelagert hatten, ließ dort seine Heugabel stehen und lief im Trab davon in Richtung auf das Dorf. Wir sahen ihm verwundert nach, fragten uns nach dem Grunde seines Davonlaufens, meinten dann, es sei ihm vielleicht etwas Wichtiges eingefallen, das er vergessen und zu besorgen hatte, und da wir ja bei ihm an allerlei sonderbares Benehmen gewöhnt waren, so machten wir uns weiter keine Gedanken und fuhren mit unserer Arbeit fort.

Es war wohl zwanzig Minuten später, als wir plötzlich Glockengeläute hörten. Die größte Glocke unserer Kirche wurde mit aller Macht geläutet. Wir sahen uns an, warfen unsere Heugabeln hin und liefen nach Hause, so schnell wir nur konnten. Als wir den Weg auf der Höhe des Bergrückens erreichten und den Blick auf das Dorf frei bekamen, sahen wir schwarze Rauchwolken aus unserer Kirche aufsteigen. Auf halbem Wege in den Feldern kam uns

Johannes entgegengelaufen. Bei unserem Anblick stand er still, rief, winkte, wies auf die Kirche, drehte um und lief nach dem Dorfe zurück. Wir rannten ihm nach über die Berghänge hinunter.

Die Glocke hörte auf zu läuten. Als wir atemlos unten ankamen, schlugen die Flammen schon zu allen Fenstern hinaus, und bis wir unsere Löschwerkzeuge in Gang gebracht hatten, wußten wir, daß die Schätze unserer Kirche nicht zu retten waren. Wir arbeiteten verzweifelt, aber Turm und Dach stürzten ein, die zunächst liegenden Wohnhäuser mußten ausgeräumt und geschützt werden, und als die späte Sommernacht sich senkte, war unsere schöne alte Kirche in einen glühenden, rauchenden Trümmerhaufen verwandelt.

Langsam kamen wir zu Sinnen – fragten die Alten, die im Dorf zurückgeblieben waren, was sie wußten, wie es angefangen habe, was die Ursache gewesen sein könnte – aber niemand konnte sagen, wie alles gekommen war. Das erste Zeichen war für alle das plötzliche Läuten der Glocke gewesen – außer für Johannes, von dem wir noch das meiste erfuhren, aber auch er konnte nichts sagen über die Ursache des Brandes.

Johannes hatte an der Orgel gesessen, und sein Spiel hatte die Kirche mit brausenden Klängen erfüllt. Plötzlich wurde neben ihm die Tür der von unten heraufkommenden Treppe aufgerissen, und Peter stürzte herein in einer Wolke von Rauchschwaden. Keuchend und hustend schlug er die schwere Tür hinter sich zu. In der Hand hielt er ein starkes Seil, das er hastig am Geländer der Empore befestigte. Während er das Ende des Seiles in die Kirche hinunterwarf, stieß er keuchend hervor: «Schnell! – Hier herunterklettern! – (auf die Treppentür weisend). Da kann man nicht mehr durch! Lauf ins Feld! Hol die Bauern! Schnell! Ich komme nach!»

Erst jetzt beim Berichten kam es Johannes zum Bewußtsein, daß Peter, der nicht sprechen konnte, gesprochen hatte. In der Aufregung des Augenblikkes war er blindlings dem Befehl gefolgt, war am Seil hinuntergeklettert und ins Feld gelaufen, so schnell die Füße ihn tragen konnten. Dann hörte er hinter sich das Glockenläuten, und bald darauf sah er uns von weitem auf dem Bergrücken auftauchen.

Langsam reimten wir uns den Verlauf der Ereignisse zusammen. Nachdem Peter dem Jungen auf das Seil geholfen und ihn eilig fortgeschickt hatte, mußte ihm plötzlich der Gedanke gekommen sein, daß Johannes viel zu lange brauchen würde – auch beim schnellsten Laufen –, uns draußen auf den Wiesen zu erreichen. An der anderen Seite der Orgelempore führte die Treppe in den Glockenturm hinauf. So war Peter auf den Turm gestiegen und hatte uns unmittelbar durch das Läuten der Glocke gerufen. Dann war ihm vermutlich der Rückweg über die Empore durch von der anderen Treppe her eindringenden Rauch abgeschnitten worden oder er war beim Seilabstieg gestürzt – oder – oder – wir wußten nicht – wir konnten nur vermuten. Mitten in der Nacht machten wir Namensaufruf. Niemand fehlte. Nur Peter war nicht zu finden.

Was sich wirklich in diesen Augenblicken der Gefahr abgespielt hatte, konnte nie mehr festgestellt werden. Nur eines wußten wir: Zum zweiten Mal hatte Peter Johannes das Leben gerettet. Das Feuer mußte in den Nebenräumen ausgebrochen sein, wo die Treppe von unten zur Empore hinaufführte. Vielleicht hatte die Treppe selbst schon gebrannt, als Peter sie noch gerade benutzen konnte. Ohne Peters Seil hätte Johannes keine Möglichkeit gehabt, von der Empore herunterzukommen.

Schweren Herzens gingen wir an die Abräumungsarbeiten – mitten in der blühenden Sommerlandschaft, die ganz andere Arbeiten von uns forderte. Es folgte eine traurige Zeit, in der uns immer mehr zum Bewußtsein kam, was wir alles durch diesen Brand verloren hatten. Aber am schmerzlichsten litt das ganze Dorf daran, daß Peter nicht mehr unter uns war. Es ist unsagbar, wie sehr er vermißt wurde. Er fehlte uns überall. Wir wußten, daß wir ihn immer geliebt hatten, aber erst jetzt wurde es uns so recht klar, wieviel wir ihm verdankten und was seine Anwesenheit für das Leben des Dorfes, ja für den ganzen Landkreis bedeutet hatte.

Erst nach Tagen fanden wir Peters verkohlten

Leichnam auf dem Steinfußboden der Kirche unterhalb der Stelle, wo er das Seil am Geländer befestigt hatte. Als wir ihn aufhoben, sahen wir, daß die Steinplatte, auf die er gefallen war, einen Bruch bekommen hatte, und wir entdeckten, daß diese Platte über einem Hohlraum lag. Bei ihrer Entfernung fanden wir darunter ein ausgemauertes Grab, von dessen Vorhandensein niemand etwas gewußt hatte. Der Boden der Kirche hatte zahlreiche mit Inschriften versehene Grabplatten, die alle auch erwähnt waren in den alten Klosterurkunden und -chroniken, die in der Kirche aufbewahrt waren. Das neu entdeckte Grab war nirgends – soviel wir uns erinnern konnten – in den nun verbrannten Chroniken und Urkunden erwähnt gewesen, und die Steinplatte, die es gedeckt hatte, trug keine Inschrift. Auch der noch ziemlich gut erhaltene Eichensarg in dem Grabe trug keinerlei Zeichen, das uns enthüllt hätte, für wessen sterbliche Überreste er die letzte Behausung geworden war. Ein Ring und ein goldenes Kreuz ließen uns vermuten, daß wir die Ruhestätte eines Abtes des alten Klosters gefunden hatten.

Am Fußende des Sarges unter den morschen Resten des Bahrtuches, das über den Sarg gelegt worden war, fanden wir einen Kasten aus Ebenholz, angefüllt mit vergilbten Blättern, die mit einer schwachen, bräunlich gewordenen Schrift in lateinischer Sprache dicht beschrieben waren.

Dieser Kasten wurde mir zur näheren Untersuchung anvertraut, und ich habe lange Zeit gebraucht, die Schrift zu enträtseln, die weder Namen noch Datum aufwies. Hier nun folgt die Übersetzung dieser Schrift, die ich so gut ich konnte mit großer Mühe zustande gebracht habe.

«Lange habe ich Tag und Nacht mit mir gerungen, Euch, meinem hochwürdigen Vater, in der Beichtstunde das Geheimnis anzuvertrauen, das mich quält. Immer wieder faßte ich den Entschluß, Euch zu sagen, was oben im Walde geschah, aber immer wieder, wenn der Augenblick kommt, sind meine Lippen versiegelt, und ich kann es nicht herausbringen, obwohl ich weiß, daß Ihr mir helfen könntet. Manchmal denke ich, Ihr habt mir schon geholfen. Ich meine, Ihr wisset schon alles, denn war es nicht auf Euer Geheiß, daß ich Bruder Sebastian das Leben rettete, als er auf den Tod erkrankte, als ich mit allen meinen Mitteln gegen die Krankheit kämpfte und einsah, daß ich ihn nicht zu heilen vermochte?

Dazumal tratet Ihr in der kleinen Zelle an sein Lager. Ich wußte, welche Hoffnungen Ihr auf Bruder Sebastian gesetzt hattet; ich wußte, was Ihr von ihm erwartetet und erhofftet; ich sah Euren Schmerz, und voller Verzweiflung mußte ich Euch sagen: ‹Vater, meine Kunst ist am Ende – sein Leben entflieht mir unter den Händen – ich kann ihn nicht retten.›

Tief senktet Ihr Euren Blick in meine Augen und

sagtet langsam und eindringlich nur die Worte: ‹*Kannst* du ihn nicht retten?›

Da lief ich ohne Besinnen in meine Zelle und holte ein Getränk, in das ich einen Tropfen der goldigen Flüssigkeit gemischt hatte, und siehe, Gott segnete das Werk und lenkte die fliehenden Lebenskräfte zurück in den Leib des Kranken. Erschüttert ahnte ich, daß ich das Mittel gebrauchen dürfe. Ihr legtet Eure Hände wie segnend auf mein Haupt und sagtet: ‹Diene du den Menschen mit allem, was Gott dir bescheret hat.› Jubel erfüllte meine Seele und tiefe Dankbarkeit. Wie erlöst erhob ich den Blick, Euch alles zu sagen, aber schon hattet Ihr die Zelle verlassen und leise hinter Euch die Tür geschlossen.

Ich wachte am Lager des Bruders, der zum ersten Male seit vielen Tagen in einem friedlichen Schlafe ruhte. Kaum konnte ich die Zeit der Beichte erwarten, doch als die Stunde endlich kam, da war mein Mund aufs neue verschlossen. Dunkel ahnte ich, daß Ihr selbst den Riegel vorgeschoben und mich am Sprechen verhindert hattet. Weiter blieb meine Seele zerrissen zwischen Zweifel und Hoffnung, doch begann ich zaghaft, hier und dort das Mittel anzuwenden, und es schien, als ruhe ein Segen darauf. Ich vermied es sorgfältig, Aufmerksamkeit zu erregen, indem ich die Genesenden glauben ließ, sie seien nicht gar so krank gewesen, wie sie vermutet hatten. Doch hörte mein Gewissen nicht auf, mich zu quälen, und so begann ich denn aufzuschreiben, was ich nicht über die Lippen bringen konnte. Wenn ich die Schrift vollendet habe, will ich sie in Eure Hände legen, damit Ihr erfahren möget, was Euch vermutlich nicht verborgen und was mein Mund Euch nicht zu gestehen vermag.

Es war zur Zeit der Unruhen, die durch den Wittenberger Mönch ins Land gekommen, als Ihr beschlosset, den Meierhof zu räumen und die Leute mit dem Vieh in des Klosters und des Dorfes Nähe herunterzuholen. Auch ich bekam damals von Euch den Bescheid, meine Arbeitsstätte hinunter in das Kloster zu verlegen. Ich bat, daß ich oben weiterarbeiten dürfe, denn der Ort war günstig für meine Heilmittelbereitung. Zu den wild wachsenden Heilkräutern, die ich brauchte, hatte ich an zuträglichen Stellen andere angebaut, die ich mir von meinen Wanderungen mitgebracht hatte. Auch war das herrliche Quellwasser, dessen ich bedurfte, dort oben ganz in der Nähe. Allen Einwendungen zum Trotz setzte ich es auch durch, daß ich allein oben weiter arbeiten konnte, doch außer den triftigen Gründen dafür, die ich anführte, hatte ich einen geheimen Grund, den ich verschwieg.

Durch Eure eigenen Hinweise war ich zu einer Zeit vorher aufmerksam geworden auf gewisse alchimistische Schriften in der Bibliothek des Klosters. Der Inhalt dieser Werke beschäftigte mich mehr und mehr, bis ich vor Verlangen brannte, gewisse Versuche selber auszuführen. Nun fing ich Feuer und wurde verlockt von der Aussicht, oben auf dem Meierhofe ungestört und unbeobachtet meine Einrichtungen treffen zu können. Ich wußte, ich hätte Euch offen sagen müssen, was ich vorhatte, aber ich hielt meine Pläne vor Euch geheim, und vielleicht ist das der Grund, warum ich jetzt, da ich Euch beichten möchte, vor Euch nicht sprechen kann.

Vor den Brüdern führte ich mein Leben weiter wie bisher, versah mein Amt im Kloster, versorgte meine Kranken und ging zu den gewohnten Arbeitsstunden in meine Werkstatt hinauf. Aber meine Arbeit änderte sich. Ich baute mir neue Geräte zusammen und begann zu experimentieren. Auch fing ich an, zuerst seltener, dann immer öfter, die Nächte oben zu verbringen. Ich erlebte manche schwere Enttäuschung, aber ich lernte viel, und eines Abends, nachdem ein Experiment, das mehrere Tage lang gedauert hatte, vollkommen mißglückt war, da schlug wie der Blitz ein Gedanke in mich ein, wie ich es anders machen müsse. Ich baute meine Geräte um; ich mischte meine Substanzen anders; ich brachte den Versuch in Gang und beobachtete, wie die Dinge sich entwickelten. Von Anfang an lief alles anders, als es je zuvor gelaufen war. Ich wurde immer mehr ergriffen und vergaß darüber alles andere.

Als der Augenblick nahte, zu dem ich frisches Quellwasser brauchte, lief ich hinaus, solches zu schöpfen. Indem ich über die Waldwiese eilte, hörte ich plötzlich im Walde Geräusch, und ehe ich michs versah, brachen mehrere Reiter aus dem Dunkel unter den Bäumen hervor. Als sie meiner ansichtig wurden, kam einer auf mich zugejagt, hielt das schnaubende Roß dicht vor mir an, beugte sich herab, drückte mir ein Bündel in den Arm, und ich vernahm die Stimme einer Frau, die mich anflehte: ‹Rettet mein Kind, o Herr! Die Verfolger sind uns dicht auf den Fersen! Unseres Glaubens wegen! So Gott will, komme ich bald und hole das Kind!›

Schon war sie auf und davon, und ich stand da mit einem winzigen Kind in den Armen. Ich eilte in das nächste Gebäude, ich fand einen Stall, barg das Kind in einem Heuhaufen, lauschte, ging zurück, spähte hinaus, und schon hörte ich das Gerassel und Pferdegetrappel der Verfolger aus dem Walde nahen. Sie galoppierten auf die Wiese heraus und hielten an beim Anblick der Gebäude. Einer rief, auf meinen Schornstein weisend: ‹Dort ist Rauch! Da sind Leute!› Und sie setzten sich in Trab in Richtung meiner Werkstatt.

Ich flog über den Hof und tauchte, laut rufend, an der anderen Seite auf, um sie abzulenken. Sie wandten um und kamen auf mich zu.

In jenen unsicheren Tagen pflegte ich meine Kutte mit Bauernkleidern zu vertauschen, wann immer ich mich außerhalb der Klostermauern begab. ‹He, Bauer!› rief mir einer der Fremden zu, ‹hast du vor kurzem hier Leute durchreiten sehen?› ‹Ja, Herr›, antwortete ich. Sie hielten an und fragten mich nach dem Weg. ‹Wo sind sie hin? Schnell! Wir sind in Eile!›

Sie wollten nach Burg H… und meinten, sie müßten durchs nächste Tal. Ich aber zeigte ihnen den kurzen Weg durch den Wald und über die Hirschhöhe. Ich wies auf den Weg: ‹Dort hinauf sind sie geritten, vor nicht gar langer Zeit. Wenn Ihr eilt, werdet Ihr sie bald einholen.›

Die anderen spornten ihre Rosse an und jagten auf der falschen Fährte davon. Der mit mir gesprochen hatte, mochte an meiner Rede gemerkt haben, daß ich kein Bauer war. Mit seiner Hellebarde stieß er mir den Hut vom Kopf und rief: ‹Dacht ich mir's doch! Du bist auch einer von dem gottverdammten Klostervolk! Hab Dank für deine Wegweisung!›

Lachte und gab mir mit der Waffe einen kräftigen Stoß vor die Brust, der mich mit Heftigkeit hintenüber auf den Rücken warf.

Was dann weiter geschah und wie lange ich auf der Wiese gelegen, weiß ich nicht. Ich kam zu Sinnen am Gespür des kühlen Taus auf meinem Leibe. Dumpf und benommen war mein Kopf, und zuerst empfand ich nur großes Unbehagen. Als ich eine Bewegung machte, fühlte ich einen scharfen Schmerz an der linken Schulter, der mich vollends zum Bewußtsein brachte. Ich öffnete die Augen, und das erste, das mir ins Blickfeld kam, war der Anblick meines kleinen Kamins mit einer schwachen Rauchfahne darüber.

Mit Mühe kam ich auf die Beine und schleppte mich in meine Werkstatt. Das Brünnlein lief noch leise, und im Kolben hatte sich eine goldklare Flüssigkeit angesammelt.

Staunen und jähe Freude gaben mir neues Leben. Ich sank in den ledernen Stuhl, der neben dem Gerät stand und schaute zu. Wie oft hatte ich so dort gesessen und angespannt beobachtet! Mein ganzes Sein und Wesen war gebannt an den Vorgang, der sich vor meinen Augen abspielte. Nach all den früheren Enttäuschungen, den vielen vergeblich durchwachten Nächten, war das Unglaubliche zur Wirklichkeit geworden. Das Unerhörte war geschehen, und ich konnte es nicht fassen.

In diesem Augenblick kam mir nicht der leiseste Gedanke daran, daß ich doch verhindert worden war, zur rechten Zeit das frische Quellwasser zu holen, und daß das Brünnlein trotzdem weitergelaufen war. Erst viele Wochen später kam mir die Erinnerung daran zurück und mit ihr die Vermutung, daß der Prozeß nur deshalb gut vollendet wurde; eben, weil ich am unverstandenen Eingreifen verhindert worden war.

Als ich so dasaß, hatte ich alles andere vergessen, war nur mit jeder Fiber meines Wesens hingegeben an das Wunder vor meinen Augen.

Langsamer und langsamer lief das Brünnlein. Ob

ich wieder vor Erschöpfung das Bewußtsein verlor, ob ich eingeschlafen bin – ich kann es nicht sagen. Auch weiß ich nicht, wie lange ich so in dem Stuhle gelegen haben mag. Ich weiß nur, daß es mir vorkam, als tauchte ich aus einem tiefen Brunnen auf. Über mir war eine Fülle goldenen Lichtes und unter mir ein ungeheures Weh, das mir die Seele zerschnitt. Und eine Stimme hörte ich rufen: ‹Du hast das Wichtigste vergessen!›

Tief in mir tauchte ein Bild auf – ein Stall – ein Heuhaufen – ein kleines Bündel im Heu –

Jäh fuhr ich auf und schrie vor dem Schmerz in meiner Schulter. Dann raffte ich mich mühselig auf – tastete mich aus meiner Werkstatt heraus – kaum konnte ich mich auf den Füßen halten. Wie ich den Weg fand und ihn bewältigte, weiß ich nicht.

Ich lehnte mich an den Pfosten der Stalltür, tat einen wankenden Schritt vorwärts, sah den Heuhaufen, sah ein winziges Gesichtlein wie aus leuchtendem Wachs geformt – und alles war still. Zerschmettert sank ich in die Knie.

Was weiter geschah, ist wie ein Traum. Erinnerungsbilder leuchten auf wie hinter dichten Schleiern. Woher mir die Kraft kam, überhaupt etwas zu tun, überhaupt noch etwas zu wollen, ich weiß es nicht. Eine Handschaufel lag im Stalle neben mir. Mit der unverletzt gebliebenen rechten Hand grub ich in weicher Erde unweit des Brunnens eine kleine Grube.

Ich legte das Kindlein hinein und deckte es mit frischen Blättern zu. Dann füllte ich vorsichtig Erde auf und verdeckte die Stelle mit einem Bündel alten Strohes, das zufällig daneben lag. Irgendwie fand ich den Weg in meine Werkstatt zurück. In meiner dumpfen Verzweiflung wollte ich das Glas zertrümmern, die goldige Flüssigkeit verschütten, aber ich tat nichts dergleichen. Wie im Traum breitete ich eine Decke über die Geräte, verschloß die Tür des inneren Raumes und versteckte den Schlüssel. Die Außentür des Hauses schloß ich ab und nahm den Schlüssel mit. Mit letzten Kräften machte ich mich auf den Weg ins Kloster hinunter. Wie weit ich gekommen, erfuhr ich erst viele Wochen später, als ich langsam anfing, an Leib und Seele zu genesen. Bauern, die zur Feldarbeit gingen, hatten mich am Wegrand gefunden und mehr tot als lebendig zu den Brüdern ins Kloster gebracht.

Lange lag ich krank in meiner Zelle, wie lange, wißt Ihr selber besser als ich. Später erfuhr ich, daß alle im Kloster meinten, die Krankheit sei nur die Folge der schweren Verletzung gewesen, die ich erhalten hatte, und daß sie glaubten, Gott habe mir diese Strafe geschickt, weil ich Euch damals getrotzt hatte und entgegen Eurer Weisung oben auf dem Meierhofe geblieben war. Doch immer wieder erlebte ich, wenn ich vom Schlaf erwachte, daß Ihr, mein hochwürdiger Vater, während ich schlief, an meinem Lager gesessen hattet und mit einem Lächeln von mir ginget.

Langsam genas ich unter der Brüder Pflege, ging wieder in den Klostergarten und allmählich längere Wege in die Felder und Wiesen hinauf, von wo ich mit sehnsüchtigen Augen zum Walde emporschaute.

Eines Tages ging ich zum Meierhofe hinauf. Ich hatte es nicht klar gewollt, aber unaufhaltsam trugen meine Füße mich dorthin. Am Waldrand fand ich ein kleines wildes Rosenpflänzchen, nahm es mit und pflanzte es auf das Grab des Kindes. Lange verharrte ich dort in inbrünstigem Gebet. Dann ging ich klopfenden Herzens in meine Werkstatt. Alles war unberührt, wie ich es verlassen hatte. Ich hob die Decke und sah den Kolben unversehrt. Die goldige Flüssigkeit schien zu leuchten.

Unterwegs auf dem Wege herauf war ich wieder in Gefahr gekommen, und die widerstreitendsten Gefühle hatten mein Herz bewegt. Ich wollte den Inhalt des Kolbens in den Brunnen schütten – dann wollte ich es wieder nicht. Abwechselnd erschien mir die goldige Flüssigkeit als die böseste Versuchung und als die kostbarste Errungenschaft. Als ich sie wieder vor mir sah, ganz unversehrt, so wie ich sie verborgen hatte, da handelte ich wieder wie im Traum. Ich hörte auf, mit mir zu hadern. Ich zog sie ab in eine große Flasche, verbarg sie unter meinem weiten Mantel, trug sie ins Kloster hinunter und verwahrte sie in meiner Zelle.

Es war nicht lange darauf, als Bruder Sebastian so schwer erkrankte, und was da geschah, habe ich Euch schon berichtet. So begann für mich ein neues Leben, schwankend zwischen Furcht und Freude, Qual und Glück. Es schien, als faßte ich selber keine Entschlüsse mehr. Ich ging meinen täglichen Obliegenheiten nach und ließ mich leiten von dem, was das Leben von mir forderte.

Alle fanden es verwunderlich, als ich anfing, die Arbeit in meiner Werkstatt wieder aufzunehmen. Sie sahen mich als Frevler an, der die Vorsehung versuchen wollte, denn hatte ich nicht Warnung genug gehabt? Und waren die Kriegsunruhen im Lande inzwischen nicht gewachsen? Nur Eure Augen schienen tiefer zu blicken, doch sagtet Ihr nichts und ließet mich gewähren.

Oft wurde ich in jener Zeit von Träumen gequält. Immer wieder geschah es – zu ungefähr der gleichen Stunde bald nach Mitternacht –, daß ich ganz plötzlich vom Schlafe auffuhr, mich kerzengrade aufsetzte und – von unbeschreiblicher Angst erfüllt – nicht wußte, wohin ich mich wenden sollte. Des öfteren hörte ich im Auffahren wieder die Worte: ‹Du hast das Wichtigste vergessen!› Dann fiel es mir wie Schuppen von den Augen, und ich wußte, daß ich für das Kind verantwortlich war, ein Kind, das irgendwo in einer Einöde, im Walde, im Hofe oder Garten allein gelassen war, daß dieses Kind jetzt mitten in der Nacht seinem Verlassensein erlegen war, daß ich die Schuld an seinem Tode trug und daß dies nicht mehr zu ändern war.

Nach langen Zeiten kam ein Traum, da stand ich wieder einmal im Stall vor dem Heuhaufen und schaute auf das stille Bündel. Schweren Herzens nahm ich es in den Arm, um es Euch zu bringen, um Euch zu zeigen, was geschehen war. Da rührte sich das Kind in meinen Armen und schlug die Augen auf. Ein unbeschreibliches Gefühl der Erlösung durchglühte mich, und ich wachte auf. Seitdem verschwanden die quälenden Träume, und ich lernte wieder ruhig schlafen.

Nun habe ich beschlossen, Euch zu bitten, mir ein Jahr Urlaub zu geben. Am Johannitage will ich den Wanderstab in die Hand nehmen und auf die Reise gehen. Die Klöster unseres Ordens will ich besuchen und die Pilgerschaft nach Rom machen. Allein will ich gehen und mein Leben wagen in dieser Zeit der Kriege und Kämpfe. Zum Abschied will ich diese Schrift in Eure Hände legen und will bis dahin ergänzen, was mir noch in den Sinn kommt.

Drei Tage vor Johanni ist es nun, und Ihr seid hinübergegangen, ganz unvermutet und ohne jedes Zeichen der Warnung, daß es so kommen würde. Sie haben Euch in der Kirche in ein gemauertes Grab gelegt, das morgen geschlossen werden soll.

Heute in der Nacht, wenn ich die Ablösung zur Totenwache habe und allein in der Kirche bin, will ich die Schrift in einem Kasten unter Eurem Bahrtuch bergen.

Dann will ich in die Welt wandern und Leben retten – Leben retten – solange Gottes heilige Gabe es mir gewähren mag?»

Ausklang

Wieder verweile ich an meinem geliebten Fenster. Heute ist der große Tag, an dem wir unsere neue Kirche eingeweiht haben. Der Bau konnte die Menschen nicht fassen, die zu diesem Fest zusammengeströmt waren. Unser aller Herzen waren erfüllt von dem Gedenken an Peter, der in den Fundamenten der Kirche neben dem Grabe des Abtes seine Ruhestätte gefunden hat. Weit offen standen die großen Türen, und in der klaren Stille des Sommertages konnten auch die vielen Außenstehenden deutlich vernehmen, was innen geschah. Es war, als ob der Gottesdienst sich hinausergießen wollte in die blühende Natur. Weithin drangen die brausenden Klänge der neuen Orgel, und die ganze schöne Berglandschaft schien teilzuhaben an unserem Fest. Johannes war gekommen, um die Orgel zu spielen. Seit einigen Jahren schon hat er sich durch sein meisterhaftes Spiel einen Namen gemacht, und doch steht er erst am Anfang seines Könnens. In Zukunft wird er noch Großes auf der Orgel leisten.

Vor einer halben Stunde beim Abschied gab ich Johannes eine Abschrift dieser Aufzeichnungen, die ich heute in der Kirche niedergelegt habe. Ich bat ihn, sie gleich nach seiner Heimkunft zu lesen, und ich wolle hier zu gleicher Zeit dasselbe tun und die Abschrift lesen, die ich für mich behalten habe und die vor mir auf dem Tische liegt.

Jetzt sehe ich in der Ferne Johannes' Wagen die Bergstraße emporgleiten. Auf der Höhe hält er an. Die Tür öffnet sich, und er steigt aus. Klar ist seine Gestalt gegen den Himmel abgezeichnet. Hoch aufgerichtet steht er und winkt mit beiden Armen herüber. In der einen Hand hält er die Schrift. Jetzt steigt er wieder ein.

Der Wagen taucht auf der anderen Seite des Berges hinab und ist entschwunden. In wenigen Minuten wird Johannes sein Haus erreicht haben, das gleich unterhalb der Höhe am äußersten Rande der großen Stadt gelegen ist.

In diesem Augenblick fangen die Glocken unserer Kirche an, den Abend einzuläuten, obwohl an diesem Tage des Jahres die Sonne noch hoch am Himmel steht. Nun will ich mein Versprechen erfüllen und die Schrift lesen zur gleichen Zeit, da er sie liest. Sie ist mein Geburtstagsgeschenk für ihn, denn heute ist er fünfunddreißig Jahre alt. Er wird jetzt manches erfahren, was er bisher nicht gewußt hat, und in dieser Stunde will ich in meinen Gedanken mit ihm verbunden sein.

falter

In der Lösung von Rätseln, die uns die eigene Seele aufgibt, entfaltet sich das Geheimnis der menschlichen Freiheit.

1

Einsamkeit

Adam Bittleston

Wo die Einsamkeit anfängt / Der Kreis der zwölf Sinne / Die Familie / Die Einsamkeit der Götter und der Menschen / Auferstehung und Himmelfahrt / Die Gegenwart Christi in der heutigen Zeit

2

Vom Engel berührt

Schicksalsbegebenheiten erzählt von Dan Lindholm

Glauben wir an Engel? / Traum eines Kindes/ Er hörte seinen Namen / Sonderbare Warnung / Im Walde verirrt / Wo war der Engel? / Vom Bild des Engels / Im Gespräch mit dem Engel

3

Weihnachten

Die drei Geburten des Menschen

Georg Kühlewind

Der Alltag / Das Fest / Herabstieg des Logos / Die Begegnung mit dem Engel / Die Verkündigung Mariae / Über die Freude / Gebet und Meditation

VERLAG FREIES GEISTESLEBEN

falter

In der Lösung von Rätseln, die uns die eigene Seele aufgibt, entfaltet sich das Geheimnis der menschlichen Freiheit.

7

Das helfende Gespräch

Schritte der Ich-Tätigkeit

Paul von der Heide

Einleitung im Hinblick auf die Situation von Arzt und Patient / Das ärztliche Gespräch in der Sprechstunde / Das psychotherapeutische Gespräch / Das Gespräch im täglichen Leben

8

Zeit des Sterbens

Vom Hingang eines alten Menschen

Almut Bockemühl

Abschied / Metamorphosen / Sterntaler / Der Knochenmann / Das Schwanken der Wände / Der Leib als Gefängnis / Masken / Eins mit der Umwelt / Seelenreinigung / Rückkehr in die Kindheit / Engelhände / In lichten Höhen

9

Erfüllte Zeit

Von Meditation und Gebet und von den Wochentagen

Adam Bittleston

Meditation und Zeit / Kosmische Welten und die Wochentage / Gebet und Naturgeister / Bemerkung zum Vaterunser

VERLAG FREIES GEISTESLEBEN

falter

In der Lösung von Rätseln, die uns die eigene Seele aufgibt, entfaltet sich das Geheimnis der menschlichen Freiheit.

10

Der Reiter und das Mädchen

Wandlungen einer ersten Liebe
Inge Ott
Mit großer Sensibilität gestaltet Inge Ott an Hand der letzten Begegnung von Friederike Brion und Goethe die Annäherung zweier Seelen und damit Wandlungen einer ersten Liebe.

11

Vom Rätsel der Angst

Wo die Angst begründet liegt und wie wir mit ihr umgehen können
Henning Köhler
Vom Wesen der Angst. Umriß der Fragestellung / Die Un-heimlichkeit des Seins. Der Mut zur Niederlage / Angst – Schlaf – Kindheit

12

Alchemie der Nähe

Die Begegnung von Frau und Mann
Dorothea Rapp
Berührungen. Gegen die Isolation durch das Böse / Alchemie der Nähe. Die Frau im Bewußtsein der Zeit / Geliehenes Dasein – gesteigertes Leben. Die Frau und ihre Biographie / Über die Gegenseitigkeit von Individualität und Schönheit